小田中直樹
ODANAKA Naoki

ライブ・経済史入門

経済学と歴史学を架橋する

keiso shobo

はじめに

本書は「経済史」という学問領域（ディシプリン）に関する入門書である。経済史に関する基礎的なレベルの授業がおもに大学の経済関連の諸学部で開講されていることを念頭におき、経済学や関連諸領域に興味と関心をもつ諸賢を、主要な読者に想定している。

このように書くと、ただちにいくつかの疑問が寄せられるかもしれない——たとえば、経済史というのは一体どんな学問領域なのか、とか。もちろんほかにもいろいろな疑問が出るだろうが、とりあえず、この点について考えながら、本書の特徴を、問題関心を中心として簡単に説明することから始めよう。

経済史は、英語では「エコノミックヒストリー（economic history）」になるが、要するに「経済の歴史（history of economy）」である。もっとも「経済史」という言葉だと、人間が営んできた「経済の歴史」そのものなのか、それともこれら「経済の歴史」を対象とする学問領域なのか、よくわからないので、後者は「経済史学」と呼ぶことにしたい。したがって、「経済史学」は「経済史」を研究する学問領域である、という関係になる。

それでは、経済史学とはなにか。

「経済」とはなにかという点についてはのちほど考えるとして、歴史を研究する学問領域といえば、それは「歴史学」と相場が決まっている。だとすると、経済の「歴史を研究する学問領域」である経済史学とは、歴史学の一部すなわち歴史学の下部領域（サブディシプリン）にほかならない。たしかに、いわれてみると、そりゃそうだ。

その一方で、興味深いことに、冒頭で述べたとおり、日本も含めて世界各地の大学など高等教育機関では、経済史学は、歴史学を学ぶ史学科が設置されている文学部ではなく、おもに経済学部で教えられている。経済学部は「経済学」を教えるところだから、これはつまり、経済史学は経済学という学問領域の下部領域でもあることを意味している。

まとめよう。経済史を研究する経済史学とは、一方では歴史学の下部領域であり、他方では経済学の下部領域でもある。経済史学は、両者の共通集合にあたる学問領域なのだ。むかし数学の集合論で学んだベン図を思いだしてほしい。歴史学と経済学を表す二つの円が重なったところが、共通集合としての経済史学にあたる。

こんな小難しい言葉を並べていると、経済史つまり「経済の歴史」は「経済」プラス「歴史」なんだから、そんなことは当たり前じゃないか、と思われるかもしれない。しかし、隣接する諸学問領域との関係は、じつはそれほど単純なものではない。

まず歴史学との関係については、これはなんとなくイメージしやすいだろう。歴史学はさまざまな対象の歴史を研究するが、そのなかで経済を研究対象とする部分が経済史学であるといってよい。過去の経済にかかわる「事象のありさまを明らかにすること」が、そのおもな課題となる。これは、政治を研究対象とする部分が政治史学、知を対象とする部分が思想史（インテレクチュアルヒストリー）であるのと、ほぼパラレルである。

それでは経済学との関係はどうか、というと、これがなかなか難しい。経済学は「事象のありさまを明らかにすること」じゃなくて「背後にある普遍的な論理を解明すること」におもな関心があり、「普遍的な」つまりいつでもどこでもあてはまる「論理」が大切で「歴史」なんて関係ありませんという雰囲気を漂わせているからだ。ここから「経済史学と経済学の接点はいずこ？」という疑問が、むくむくと湧いてくる。先述した「それほど単純ではない」事態というのは、結局のところ、そういうことだ。さてどう考えるべきか、うーむ。

本書の特徴は、こういった問題、すなわち、経済史学という学問領域の定義はいかなるものかとか、隣接する諸領域とどんな関係を取結んでいるかとか、経済史学はどんな歴史を辿ってきたかとかいった、いわばメタ次元（ひとつ上の次元）の問題に強い関心を抱き、そんなスタンスに立って経済史学の基本を考えようとする点にある。これらの点については、おもに序章と終章で論じる。

そんなわけで、本書は、入門書としては、少々理屈っぽいものに仕上がっているかもしれない。カタイ漢字――じゃなくて感じが続くかもしれないが、ちょっと我慢して読みすすんでほしい。

それじゃ、そろそろ本論に入ることにしよう。

読書案内

経済史学の入門的でスタンダードな教科書としては、日本の経済史については、石井寛治［1991］、中西聡他［2013］、三輪良一［2012］などが挙げられる。外国の経済史については、石坂昭雄他［1985］、奥西孝至他［2010］、金井雄一他［2010］、長岡新吉他［1992］、廣田功他［2012］などを挙げておこう。これらは、上述した「経済史」と「経済史学」の区別でいうと、どちらかというと「経済史」についての説明を重視した教科書であり、経済の歴史の概要を捉えるのに有益である。

これに対して「経済史学」とりわけ経済理論との関係を強烈に意識した教科書としては、ちょっとレベルが高くなるが、ヒックス［1995］と岡崎哲二［2016］がある。とりわけ後者は、ミクロ経済学におけるゲーム理論の受容と、それにともなう歴史に対する関心の出現という二〇世紀末の経済学の転換を受けて（初版は二〇〇五年に、増補版が二〇一六年に）書かれたものとしては、現時点で日本唯一の経済史学の教科書であり、本書も大きな影響を受け、また多くを学んでいる。

ライブ・経済史入門

——経済学と歴史学を架橋する

目次

はじめに（i）

序　章　ウォーミングアップ――経済史学の定義と方法論

経済史学と歴史学

経済史学とは、歴史学と経済学の共通部分に位置し、両者の下部領域をなす学問領域である。この点を、歴史学との関係と、経済学との関係にわけて考えることから始めよう。それにより、経済史学という学問領域について、ちょっと詳しい定義を与えてみたい。

まず、歴史学との関係だが、経済史学とは、経済にかかわる歴史上の現象（史実）のありさまを明らかにすることを課題とする学問領域である。史実のありさまを明らかにすることを課題とする学問領域とは歴史学にほかならないから、ここから両者の関係を読取ることは容易だろう。どうみても経済史学は歴史学の下部領域である。

残された問題は、「経済」とはなにを意味するか、である。「経済」の定義については、一般的なレベルでもさまざまなものがあり、また、おそらく通説は存在しない。経済を主要な研究対象とする経済学においても、じつは事態はかわらない。

それゆえ、ここでは、なるべく広い定義として「人間が、生きるために、ものをつくりだし、使うという活動」を採用する。

経済学でもちいられる言葉を使い、もうちょっと厳密にいうと、次のようになる。モノやサービスなど人間が生みだすものは「財（グッズ）」と呼ばれるが、経済とは、財が生産され、流通し、売買や貸借などなんらかのかたちで交換され、消費されるプロセスの総体、要約すれば「財の生産・流通・交換・消費」を指す。

人間は、このプロセスにアクターとして参画し、経済行動を営むことによって生命を維持する。そして、これら多数の人間がなす経済行動の結果として、人間社会のなかで「財の生産・流通・交換・消費」というプロセスにかかわる経済システムが創出される。

もっとも、これとて、経済の最大限に広い定義とはいえない。

たとえば、ぼくらが「交換」というとき、それは財の配分の代表的なありかたを表現する言葉として利用されている。

しかし、経済人類学者カール・ポランニーは、財の配分は経済システムを秩序立てる手段であるとしたうえで、それを、互酬、再配分、そして交換という三つの形態に分類している。彼がいう互酬とは、相互依存関係にもとづき、あるいはその関係を強化する手段たる配分を意味し、具体的には贈与、相互扶助、寄付といったかたちをとる。再配分とは、政治的な権力関係にもとづいた義務的で強制的な支払いと、それに対する恩恵としての払戻しを意味し、具体的には貢納、納税といったかたちをとる。ぼくらが重視してきた交換は、互酬や再配分を含む財の配分という営為の一形態にすぎない。

あるいはまた、ぼくらは、経済プロセスを「生産・流通・交換・消費」と書き、「消費」で終わらせた。でも、なぜぼくらは財を消費するのか。それは、あらたに財を生産するためだ。そうすると、経済プロセスは循環するということになる。さらにいえば、財を消費するという営為は、たいていは家庭でなされるが、この家庭では、家事や育児など、ぼくらが「経済プロセス」を語るときに忘却しがちな、しかし重要な営為がなされている。しかも、そのほとんどは女性によって。

イヴァン・イリイチなどフェミニズムの理論家たちは、この点に着目し、これら営為を「再生産労働」と命名したうえで、経済プロセスに組込んで検討するべきことを主張した。そりゃそうだ。これら再生産労働がなければ、明朝起きて会社に仕事にゆくのは困難だし、ましてや未来の経済プロセスを担う次世代が生まれて成長することなんてありえないのだから。

そんなわけで「財の生産・流通・交換・消費」のプロセスという「経済」の定義は、あくまで、ぼくがとりあえず妥当だと思って主観的に定めたものであり、それ以上でもそれ以下でもない。もっと適切な定義だって、きっとあるにちがいない。

こういった留保を付したうえでまとめると、経済とは、個人の次元でみると、人びとが財を生みだして使う営為が展開され、社会の次元でみると、これら営為が多様な関係を取結ぶことによってひとつのシステムが出来上がり、機能する領域のことである。

そして、この経済の領域にかかわる史実を明らかにする学問領域こそ、歴史学との関係からみた経済史学である。

経済史学と経済学

次に経済学との関係をみてみよう。ここでは、問題はもうちょっと複雑になる。

経済学とりわけその中核をなす理論経済学には、新古典派経済学（ミクロ経済学、マクロ経済学）とか、マルクス派経済学とか、いろいろなものがある。ぼくらにとって重要なのは、そのどれもが、経済行動や経済システムのメカニズムについて、その普遍的な論理を理論的に解明することをおもな課題としていることだ。

普遍的な論理を理論的に解明することを目指すというのは、特定の時空間における経済行動や経済システムがどんなものだったかという、歴史学にとっては重要な問題に対して、ほとんど関心がないと宣言しているに等しい。「普遍性」の理論的解明が大切な人びとにとって、特定の時空間における史実の「個別性」を明らかにすることなんて、どうみても無意味な営為にちがいないのだから。

そうだとすると、経済にかかわる史実を明らかにすることを課題とする経済史学が経済学と取結ぶべき、あるいは取結びうる関係は、じつに微妙なものとなる。さらにいうと、そもそも関係を取結びうるのか、という気さえしてくる。

ちなみに、理論経済学のなかでも、マルクス派経済学については、わりと歴史学と接点があり、経済史学にとって親近感がわきやすい。それは、この経済学が、創始者カール・マルクスの眼前に広がっていた一九世紀の経済システムである資本主義は、いかに次の経済システムである社会主義に移行するか、という強烈な問題関心に貫かれていたからだ。経済システムの移行に関心をもつ以上、時間や歴史や過去に注意を払わないわけにはゆくまい。

実際、マルクスは、経済システムの（来るべき展望を含めた）歴史について「アジア的、古典古代的、封建的、資本主義的、社会主義的、共産主義的」という枠組を提示している。

これに対して、今日の経済学の主流をなす新古典派経済学は、個人の経済行動を分析するミクロ経済学にせよ、経済システムの総体を分析するマクロ経済学にせよ、史実の個別性にはあまり関心がない。その史実が経済の領域に属するものであっても、だ。

もっとも、このうちマクロ経済学については、経済成長という時間にかかわる現象を主要な分析対象のひとつとしているため、歴史に対してまったく関心がないというわけではないが、それでも史実の「個別性」には基本的に無関心である。

また、時間という要素にほとんど関心をもたず、それゆえ理論に組込んでこなかったミクロ経済学をみると、じつは一定の変化が生じていることがわかる。すなわち、二〇世紀末にゲーム理論を取入れることによって大きな変貌を遂げ、歴史や史実に関心を寄せつつあるのだ。この事態に対して経済史学界の一部も反応し、ゲーム理論を取入れたミクロ経済学を利用する経済史学、通称「比較歴史制度分析」を構築しはじめている。このあたりは終章で再述するが、そうはいっても、まだまだ先は長いというべきだろう。

それでは、こんな学問領域たる経済学は、はたして経済史学と接点をもちうるのか。

この問題については、正攻法で、つまり経済学と経済史学を同じ次元に設定したうえで「これだっ」と回答するという営為は、いまだなされていないように思われる。もちろんぼくも、正解を提示する自信はない。

ただし、そういってしまうと身も蓋《ふた》もないので、たとえば、経済史学の「手段」として経済学を位置づけるというのはどうだろうか。つまり、史実を明らかにする際に、経済学が構築してきた理論、すなわち経済理論をツールとして応用する、ということである。

これだと、経済史学にとって、歴史学との共通点は「目的」の次元にあり、経済学との共通点は「手段」の次元にあり、次元が異なってしまうから、ちょっと変則的かつ不十分な処理といわざるをえない。しかし、経済学と経済史学の接合の第一歩としては、こんなところで我慢してほしい。

なお、経済理論をツールとしてもちいて分析される対象は、経済の領域に属していなければならないわけではない。政治とか文化とか社会とかの領域に属しているようにみえる史実であっても、経済理論をもちいて分析すれば、それは立派な経済史学の成果だといってよい。たとえば、過去の政治事象を経済理論をもちいて分析するのは、これは経済史学者のしごとである。

そんなこんなで、歴史学との関連からみた定義と、経済学の関連からみた定義を重ねあわせることにより、どうにか経済史学をぼくらなりに定義できるようになったと思う。

すなわち、歴史学と経済学の共通集合にして両者の下部領域たる経済史学とは、経済理論を応用し、おもに財の生産・流通・交換・消費という経済プロセスにかかわる行動やシステムの歴史的なありかたを明らかにする学問領域のことである。

方法論というアポリア（難問）

ここで提示した経済史学の定義は、内容的には「当たり前でしょ」といわれそうなものかもしれない。また、経済史学は歴史学と経済学のはざまにある学問領域なのだから、こう定義するしかないと思われるかもしれない。さらにいえば、あまりムリのない感じがするから、さっそく経済理論を応用して経済の歴史を解明してみよう、と前のめりたくなるかもしれない。

しかし、実際には、経済史学は、そのポジションからして、茨の途を歩まざるをえない定めを負っていた——というと文学的で格好よく聞こえるが、要するに、歴史学と経済学でいろいろと作法が違うので、経済史学はなにをどうすればよいかについてなかなか定めることができず、苦労してきたし、じつはいまでも苦労している、ということである。

この作法の違いは、とりわけ方法論の次元で顕著である。つまり、経済史学にとって、方法論はひとつの、そしておそらくは最大のアポリア（難問）をなしている。

方法論（methodology）というのは、聞きなれない言葉かもしれない。学術的にいえばいろいろと細かな、かつ多様な定義があるかもしれないが、方法論とは要するに「学術活動を営む際のお約束」、もっと簡単にいうと「学問のルール」ということだ。学問は複数の人間によってなされる営為だから、当然、一定のルールがある。そうでなければ、どちらが正しいかがわからなくなってしまうからだ。この点では、学問は、一定のルールのもとで勝敗を競うスポーツや、一定のルールのもとで業績を競うビジネスとかわらない。

そして、スポーツでは（というのは、ちょうどリオデジャネイロでオリンピックが開催されている最中にこの文章を書いているからなのだが）卓球とバドミントンなど各種目でルールが違うのと同じく、学問の世界では学問領域によってルールが異なっている。学問領域のおのおのには、その領域に適した方法論があるということだ。たとえば数学では、むかし習ったと思うが、そのルールたる方法論は「与えられた条件から、公理や定理を利用して、結論を証明する」というものになる。

それでは、ぼくらにとって問題となる経済史学の上位に位置する歴史学と経済学の方法論はどうか、というと、これが結構相異なっており、しかもさまざまな点で相対立している。先に「茨の道」といったのは、そのためなのだった。

両者の方法論の基本的な特徴を確認しておこう。

はじめに歴史学だが、その方法論をもっとも明確に定義したのは、学術的な歴史学の父とみなされている一九世紀の歴史学者レオポルド・フォン・ランケである。ランケは長年ベルリン大学で歴史学の研究教育に携わり、歴史学の学術化の土台を築いたことで知られるが、彼は、歴史学の課題は、史実について「それは、実際には、いかにあったか（wie es eigentlich gewesen）」を明らかにすることにあると主張した。

すなわち、彼によれば、歴史学者のしごとは、特定の史実について、それが本当にはいかなるものだったか、換言すれば「いつ、どこで、だれによって、なぜ、いかに、なされたか」を明らかにすることである。

ここで「実際には」というのは、科学的な手続、すなわち極力客観的で多数の証拠にもとづき、それらを比較衡量することにより、追検証や反証が可能なかたちで立論を進める、という意味である。

たとえば「日本」という国号の成立という史実を対象とする場合、かつて明治五年太政官布告は、日本国は紀元前六六〇年に建国された、すなわち「日本」という国号は紀元前七世紀に遡ると定めたが、その際に依拠したのは『日本書紀』など神話だった。しかし、これじゃ追検証も反証もできないので、科学的とはいえず、ダメだろう。他の同時代資料や、近年急速に発展している考古学の成果などを、その妥当性を批判的に評価しながらとりいれつつ、「より確からしい」結論を導出するべきである。実際、今日の日本史学界では、これら地道な作業が積重ねられた結果として、「日本」という国号は七世紀後半に定められたことがほぼ定説となっている。

つぎに経済学だが、その方法論をもっとも明晰に提示したのは、二〇世紀中葉のイギリスで活躍した経済学者ライオネル・ロビンズである。彼は、経済学に対して「様々な用途をもつ希少性のある資源と目的との間の関係としての人間行動を研究する科学（the science which studies human behaviour as a relationship between ends and scarce means which have alternative uses）」という明確な定義を与えた。

「希少性のある」とは、一定の量しかないということであり、「資源と目的との間の関係としての人間行動」とは、もってまわった言い回しなのでわかりにくいが、要するに財をどう配分するかに関する意思決定のことである。彼によれば、経済学者のしごとは、人間が一定の量の財を複数の用途すなわち目的に振分ける際におこなう意思決定のメカニズムを解明することにある。

その際、彼が想定する人間は、さまざまな個性をもった生身の人間ではなく、同一の判断基準を共有する人間一般、すなわち抽象的な人間である。そして、彼の念頭にある判断基準は、すべての人間に共通するというのだから、特定のブランドを好むとか、特定の宗教にもとづくとか、バドミントンより卓球が好きとかいった具体的で特殊なものではありえない。それは、あくまでも抽象的で、普遍的で、だれでも納得できるもの、一言でいえば合理的なものである。ロビンズにとって、経済学が想定する人間は、ひとしく合理性をもった存在だった。

彼が明示した「人間は合理的である」という仮定は、ひとつの、ただしすべての経済学の根底をなす最重要な法則として、経済学界の人口に膾炙してゆく。

歴史学と経済学、両者の方法論がかなり異なることが、ここから感じとれるだろうか。

帰納的方法と演繹的方法、個性記述科学と法則定立科学

二つの学問領域がおもに用いる方法論の相違について、二つの対立軸に沿って整理しておこう。

第一は、帰納的方法か演繹的方法かという軸である。

歴史学は、どちらかといえば帰納的方法に親和的なかたちで立論を進める傾向にある。帰納的方法とは、個々の事例を分析し、そこから他の事例にもあてはまる一般的で普遍的な論理

（ルール、法則、因果関係）を見出すことを試みる推論の方法である。

歴史学に即していえば、たとえば、一七八〇年代のフランスは天候不順が続き、食料不足が深刻となった。民衆は事態の打開を国王ルイ一六世に期待したが、簡単な解決策などあるはずもなく、彼らの期待は不満にかわり、やがて一七八九年、パリで革命（フランス革命）が勃発すると、民衆の多くは、国王ではなく革命政府に期待を寄せるようになってゆく。それからほぼ半世紀後、一八四〇年代のフランスは、またしても天候不順を原因とする食料不足に襲われた。民衆の不満は国王ルイ・フィリップにむけられ、一八四八年、フランスはまたしても革命（二月革命）を迎える。これら事例は「天候不順、食料不足、政治的激動」というプロセスを経ている点で似ている――という感じ。

これに対して経済学は、どちらかといえば演繹的方法に親和的なかたちで立論を進める傾向にある。演繹的方法とは、まず一般的で普遍的な論理を前提として設定し、それらにもとづいて個別の事例を解釈しようと試みる推論の方法である。

経済学に即していえば、財を生産して供給する場合、合理的な人間であれば、もっとも生産性の高い原料から使いはじめる。したがって、生産量を増やしてゆくと、より生産性の低い原料を使わざるをえなくなり、最後の一単位の財を生産する費用は上がってゆく。合理的な人間であれば、費用を回収できない価格を設定することはないから、生産者が「この価格で売れるなら供給してもよい」と考える価格を表す曲線、すなわち供給曲線は、横軸に財の量をとり、縦軸に価格をとった直交座標を考えると、右上がりとなる。こうして「人間は合理的である」という前提から「供給曲線は右上がりである」という法則が導出できた。それでは、今度は「供給曲線は右上がりである」という法則を前提として、別の法則を探してみよう――という感じ。

第二は、個性記述科学か法則定立科学かという軸である。

この二つの概念は、一九・二〇世紀転換期にドイツで活躍した哲学者ヴィルヘルム・ヴィンデルバントが、諸々の科学を分類するために提唱したものである。彼によれば、科学には、個別具体的な事例を対象とし、その特徴（個性）を明らかにして説明（記述）することを課題とする種類と、極力多数の事例を対象とし、それらに共通する論理（法則）を導出（定立）することを課題とする種類がある。前者の代表は文学など人文科学であり、後者の代表は物理学など自然科学である。

ぼくらが対象としている二つの学問領域についていうと、歴史学は、基本的に個性記述科学の方法論に親和的である。

先述した一七八〇年代フランスの事例に即していえば、歴史学者にとって主要な課題は、天候不順については、天気は、どの年に、どの地域で、どのような状態だったか、食料不足については、食料のなにが、どこで、なぜ、どの程度不足したか、政治的激動については、民衆が当初国王に期待した理由はなにか、民衆の期待はいかなるメカニズムで失われたか、彼らの文持はいかなる経緯を経て革命政府にむけられたか、といった個別具体的なテーマを適切に説明することにある。

これに対して経済学、とりわけ今日の主流をなす新古典派経済学は、基本的に法則定立科学の方法論に親和的である。それは、一八七〇年代に新古典派経済学が考案されるにあたり、しばしば「限界革命三人組」と呼ばれる同派の創始者たちが、意図的に、つまり意識して、自然科学とりわけ物理学のありかたを真似ようとしたからである。

先述した供給曲線の例についていえば、経済学者は、具体的な企業や財の供給曲線が本当に右上がりかとか、実際には価格が下がれば下がるほど生産量や供給量を増やす生産者がいるのではないかとかいった個別具体的な問題には、あまり関心を示さない。彼らにとって主要な課題をなすのは、某ファストフードチェーンのハンバーガーの売行きと価格の関係を明らかにするとか、生産量が増えるほど価格が下がるコメの豊作貧乏問題を解明するとかではない。価格が一パーセント変化すると供給量は何パーセント変化するか、企業規模が大きくなると供給曲線の傾きはどうなるか、あるいはその財の価格はどう決定されるかといった、一般的で普遍的な問題について、それらを統べる論理を導出することである。

この二つの対立軸を組合せ、歴史学と経済学の方法論の相違をまとめておこう。

まず歴史学は、帰納的方法と個性記述科学という方法論に親和的である。ただし、帰納的方法は一般的で普遍的な論理を導出することを最終的な目的とするのに対して、歴史学は、たいていの場合、そこまでの野望はない。個別具体的な事例を説明できれば、つまり帰納的方法の第一段階さえ実現できれば、とりあえずそれでよい。第二段階たる、一般的で普遍的な論理の導出まで進む必要はない。この点で、歴史学が百パーセント帰納的方法に基づいているとまではいえない。

これに対して経済学は、演繹的方法と法則定立科学という方法論に親和的である。ただし、法則定立科学において法則は個別具体的な複数の事例の分析から導出されるのに対して、経済学は「合理的な個人」とか「財の希少性」とかいった法則をデファクトに（無条件に）前提とし、そこから他の法則を導出しようと試みる傾向にある。法則定立科学の方法論は、個別具体的な事例の分析から法則を導出するという点において、帰納的方法に接近するが、経済学はそうではない。この点で、経済学が百パーセント法則定立科学に基づいているとまではいえない。

まとめると、歴史学は基本的に「法則はどうでもよいから、個別具体的な事実を分析して説明する」学であり、経済学は基本的に「個別具体的な事実はどうでもよいから、法則から法則を導出する」学である。

ここまで断言すると、自分でも「ちょっと言いすぎかもしれない」という気がしてくるが、まあよい。とにもかくにも、日本では、歴史学は文学部で研究教育され、経済学は経済学部で研究教育され、ともに「文系学問」とくくられがちだが、方法論すなわち「学問のルール」の観点からみると、かなり違う。

だから、両者の共通集合たる経済史学には「茨の道」が待っているのである。

経済史学における分析手続

それでは、実際に経済の歴史を分析するにあたり、ぼくらはどんな手続を採用して、この「茨の道」をクリアすればよいか。

もっとも単純な方法としては、個別具体的史実の説明か、法則の導出か、どちらかに特化するというやりかたが考えられる。

前者であれば、たとえば、大航海時代の世界経済をけん引したことで名高く、また世界初の株式会社として知られるオランダ東インド会社の誕生のプロセスを細かく調べるというのはどうだろう。あるいはまた、一九二九年の世界大恐慌が東アジア諸国に与えたインパクトを調べるというのはどうだろう。

後者であれば、たとえば、貨幣量と物価水準のあいだには一定の関係（とりわけ、財の取引量と貨幣の流通速度が一定の場合は比例関係）があるという所説「貨幣数量説」について、その妥当性を検証するべく、大航海時代にポトシ銀山（現ボリビア）からヨーロッパに大量流入して貨幣として利用された銀の量と物価上昇率を比較衡量するというのはどうだろう。あるいはまた、国際貿易は工業化を促進するか否かについての法則を確立するべく、鎖国という江戸時代日本の経験を分析するというのはどうだろう。
ただし、これら事例をよくみればわかるとおり「個別具体的史実の説明だけ」あるいは「法則の導出だけ」という営為はありえない。オランダ東インド会社成立の説明には経営組織に関する理論の知識が、世界大恐慌のインパクトの説明には国際経済理論の知識が、おのおの必要である。その一方では、貨幣数量説の妥当性の検証にはポトシ銀山の個別具体的な史実の知識が、国際貿易と工業化の関係に関する法則の導出には鎖国という個別具体的な史実の知識が、おのおの必要である。

さらにいえば、個別具体的史実の説明と法則の導出という相矛盾するスタンスの併存という事態は、単に経済史学に限られたものではない。歴史学においても、経済学においても、事情はかわらないといってよい。

たとえば歴史学において、先述したように、フランス革命前夜の状況を「天候不順、食料不足、政治的激動」と要約し、個別具体的な史実として説明する際、ぼくらの念頭には「食料不足の主な原因は天候不順である」という法則が、予断としてアプリオリに（先天的に）存在している。しかし、現実には、食料不足の原因にはさまざまなものがある。実際、経済学者アマルティア・センは、各地の飢饉を比較衡量し、食料不足が生じるか否かは政治制度の民主的性格のレベルにおおきく左右されると主張している。個別具体的な事象を説明する際にも、なんらかの法則が介入せざるをえないわけだ。

あるいはまた経済学についていうと、たとえば「オレンジの価格水準」という場合、ぼくらはすべてのオレンジを「オレンジ」という抽象度の高い「同一の」財として、ひとしなみに取扱っている。そのうえで、抽象度の高い次元で「法則の導出」にむけた手続が進められる。糖度、サイズ、あるいはビタミンC含有量といったさまざまな品質は、その存在すらがアプリオリに、そして「捨象」という便利な言葉のもとに、無視されてしまう。しかし、現実には、一個一個のオレンジは、すべて品質が異なる「個別具体的な」財であるはずだ。法則ばかりが語られる裏では、このような「個別具体性」とでもいうべき財の性質が隠蔽されている。

話を経済史学に戻し、経済史学が採用するべき方法論について要言すれば、経済史学の営為における個別具体的史実の説明と法則の導出は、採用されるべき分析手続の相互連関する二つの側面をなしているというべきだろう。

すなわち、史実と法則のどちらから開始してもよいが、史実を説明し、そこから法則を導出し、別の史実をもちいてその妥当性を検証し、検証されかつ可能であれば改善された法則をもちいて別の史実を説明し、その説明をもとにして法則を改善し、あるいは、別の法則を導出し——という循環的な、というよりは、史実の説明についても法則の導出についても水準が上昇するという意味でらせん状のプロセスを辿ることにより、法則の妥当性の向上、新しい法則の導出と相互連関、史実の説明、あるいは他の史実の説明の可能化といったさまざま多様な分析を同時に進め、経済史に関する知識を豊富化することこそ、経済史学がとるべき、またとりうる分析手続である。
もちろん、らせん的な手続の具体的な形態については、時と場合によってさまざまなものがあるにちがいない。

本書におけるアプローチ

ここまで、経済史学の定義と方法論について、いろいろと考えてきた。ぼくは、メタ次元の話が好きなので、この手のトピックについてさらに話を続けてもよいのだが、それでは入門書という機能を果たせないので、第1章からは、本題である経済の実態の歴史すなわち経済史に話題をうつさざるをえない。

それでは、経済史に対して、ぼくらはいかにアプローチするべきか。歴史学と経済学と経済史学の関係の複雑さを顧みれば、この点は重要な問題であり、また経済史を論じる際には前提として明確にしておかなければならないことがわかる。

本書で採用するアプローチは、三つにわけて説明できる。

第一に、財の生産・流通・交換・消費という経済プロセスのありかたを時系列的に追う。この点については、一般的な経済史学の教科書とかわらない。

第二に、経済プロセスのうち、とりわけ生産という段階にかかわる個人の行動や社会全体のシステムを重視し、歴史上に登場してきた諸々の生産形態の特徴と、ある形態が次の形態に移行するメカニズムを明らかにすることを試みる。流通・交換・消費という経済プロセスの他の段階については、生産にかかわらせながら、それと関連するかぎりで検討の対象とする。

生産という段階の形態を重視するという選択には、歴史上きわめて大きな変遷を遂げてきたことと、交換のありかたと相互規定関係にあるなど議論の射程が長いことという二つの理由がある。

第三に、歴史上登場してきた生産形態を論じるにあたり、その特徴や、次に登場する形態に移行するメカニズムについて、それらを説明できそうなモデルを提示し、そこから含意を導出し、これら含意をなるべく具体的な史実とつきあわせ、モデルと史実がどれぐらい整合しているかを確認する、という手続を採用する。この点が、本書のアプローチの大きな特徴といえるかもしれない。

モデルと史実の突合せという手続を採用するのは、先述した経済史学が採用するべき分析手続のありかたを意識したからである。もちろん、入門書という本書の位置づけと、ぼくの能力的な限界を反映して、史実の説明と法則の導出とのらせん的な往復運動という本格的な分析手続は、本書ではとりえない。モデルと史実の突合せとは、その第一歩というか、入門バージョンというか、そんな感じのものにすぎない。

しかも、それすら、本書でうまくいっているかといわれると、ちょっと自信がない。モデルと史実を突合せるなかで、経済史学の本格的な分析手続のノリをちょっとでも感得してもらえれば、ぼくとしては十分満足である。

それでは、時計の針を人類の曙に巻きもどしてみよう。

読書案内

まず本章で引用・言及した文献を紹介すると、ポランニー［2005］、イリイチ［2006］、マルクス［1963］、グライフ［2009］、岡崎［1993］、ランケ［1948］、ロビンズ［1957］、ヴィンデルバント［1929］、セン［2000］である。

歴史学の定義や方法論については、日本語で読める現時点での到達点として、遅塚［2010］がある。基本的かつ入門的なものとしては、カー［1962］と渓内［1995］がすぐれている。なお歴史学は、二〇世紀後半以来、「社会史」や「文化史」をキーワードとしておおきく変化しつつあるが、前者については二宮［1995］が必読であり、現在進行中の後者については野家［2016］や長谷川［2016］が適切な見取り図を提示している。

経済学の定義や方法論については、さまざまな経済理論が存在し、また時代とともに変化してきたため、経済学の歴史を分析する学問領域である経済学史学の教科書から入るのがお勧め。そのなかで、もっともわかりやすいのは、ぼくが知るかぎりでは中村他［2001］。一応ぼくも小田中［2003］を書いているので、はずかしながら、ひとつよろしく。経済学は一八七〇年代におおきく変貌し、新古典派経済学が誕生するが、そのエッセンスは、武隈［2016］などミクロ経済学の教科書としてまとめられているので、まずはここからスタートするのが王道。

なお、新古典派経済学誕生の立役者とりわけ「限界革命三人組」は、自分たちがまったく新しい方法論に立脚する経済理論を構築していることを明確に意識していた。「個別具体的な事実はどうでもよいから、法則から法則を導出する」学として経済学を再構成しようとする彼らの意図は、三人組自身の手になるジェヴォンズ［1981］やメンガー［2004］にみてとれる。

近年発達してきたゲーム理論を取入れたミクロ経済学の入門的な教科書としては、松井他［2000］がある。

第1章　狩猟採集経済

人類の曙

人類の祖先は、最近の研究によると、五〇〇万年ほど前、おそらくはアフリカにおいて、チンパンジーの祖先と分岐した。両者を区別する基準は、直立二足歩行の有無である。こうして登場したぼくらの先祖は、かつては「猿人」と呼ばれ、今日では「ヒト亜属」と呼ばれている。代表的な存在としては、アウストラロピテクスなどがある。

二〇〇万年ほど前、これまたアフリカにおいて、ヒト亜属のなかで、脳の発達を特徴とする「ヒト属」が登場した。彼らは、かつては「原人」や「旧人」と呼ばれていたが、アフリカのみならずヨーロッパやアジアに広まり、分岐していった。代表的な存在としては、北京原人、ジャワ原人、ネアンデルタール人などがある。
そして一三万年ほど前、三たびアフリカにおいて、ヒト属のなかで、現行人類であるヒト（種としてのヒト）が登場した。彼らは、かつては「新人」と呼ばれ、今日では「ホモ・サピエンス」と呼ばれているが、ヒト属の他の種と比して高度な知性と技術をもち、環境変化に対して適切に適応するなどにより、他の種を凌駕あるいは駆逐して世界中に広がることになった。ぼくらの直接の祖先である。

さて、本書は経済史の入門書なので、問題は、彼らがどんな経済行動をとり、どんな経済システムを構築していたか、とりわけどんな生産形態を実現していたか、である。彼らは定住せずに移動生活を営んでいたといわれているので、農耕や（遊牧以外の）牧畜など定住を前提とする生産形態を採用することは不可能、とまではいえないかもしれないが、困難だろう。そうすると、残された生産形態は動物の狩猟や植物の採集ということになる。こんな経済システムを「狩猟採集経済」と呼ぶ。

この時期の狩猟採集経済は、生産性が低いこともあり、みずからの生存の維持に必要な財を獲得することを主要な目的とする自給自足経済という性格をもっていた。

もっとも、狩猟採集経済を「生産形態」と呼ぶことには、ちょっと抵抗感があるかもしれない。なにかを「生産」しているような感じがしないからだ。狩猟にせよ採集にせよ、財を生産しているのは正確には「自然」であり、人間はそれを拾いあつめているにすぎない。

ただし、狩猟や採集に携わるに際しても、人間は、自分の資源すなわち体力や時間を投下している。その点では、狩猟や採集は、ぼくらが「生産」と聞いたときに心に思いうかべる農業や工業とかわるところはない。また、今日においても、狩猟採集経済の特徴をもつ生産形態は、世界各地で存在する。なかでも重要であり、また、先進国においてすら無視できない位置を維持しているものとしては、漁業が挙げられる。漁業に携わる人びとを「生産者」と定義することに反対する者はいないだろうから、やはり狩猟採集経済はひとつの生産形態なのである。

さて、狩猟採集経済にはいくつかの問題があり、財の生産をそれだけに依拠していると、やがて限界につきあたる。具体的には、狩猟採集の対象たる財の乱獲に至りやすいとか、生産性の向上が期待しづらいとかいった問題である。人類の曙において狩猟採集経済の対象となる財は食料がほとんどであり、食料生産の限界は生存の危機に直結する。それゆえ、ある段階で、生産形態の中核は狩猟採集経済から別の形態、すなわち定住をともなう農耕牧畜経済に移行せざるをえなくなる。この移行は、紀元前一万年ごろに始まったといわれている。

しかし、狩猟採集経済は、いかなるメカニズムによって、財の乱獲や生産性の停滞をひきおこすのか。

生産者行動理論

財の乱獲の問題については、「コモンズの悲劇」という名前で知られるモデルを援用して考えることが有益である。

狩猟採集経済における個人の行動は、人間が狩猟採集に費やす時間や体力などの資源（リソース）を費用［Cost：頭文字をとってC］とみたて、それらをもちいることによって得られる食料など生活必需品を中心とする財を収入［Revenue：R］と考えれば、生産行動の一種とみなせる。生産行動の分析は、ミクロ経済学における「生産者行動理論」と呼ばれる分野のしごとなので、まずはこの理論の基本的なモデルを確認することから始めよう。

なお、本書では、入門書という性格（と、そして、それ以上にぼくが数学どころか算数すらアヤシイという個人的な事情）からして、なるべく小難しい数式は使わず、直感的に理解しやすい図を使って、モデル化とその説明を進める。

狩猟採集経済の例としては、漁業を考える。生産者は漁師であり、彼らが生産する財は魚である。

まず、二つの法則を仮定として導入する。

第一に、漁師は合理的な人間であり、収入から費用をひいた利益を最大化するように行動する。これは「人間は合理的である」という法則を、生産行動にあてはめたものである。合理的であれば、さらなる利益を得るチャンスを逃すはずはない、というわけだ。

もっとも「人間は合理的である」という法則は、じつは証明されていないアプリオリな前提であり、法則というよりは単なる仮説、あるいは数学における公理のようなものである。事実、実際に治験者を対象として実験をおこない、経済学が前提としてきた諸仮説を検証する「実験経済学」と呼ばれる学問領域が近年発展しつつあるが、それによると、どうも人間はそれほど合理的な存在ではないらしい――が、その点はとりあえず置いておく。

第一の法則は、したがって「利益最大化」とまとめられる。

第二に、漁師が働けば働くほど魚の水揚げ量、つまり総収入［Total Revenue：*TR*］は増えるが、そうするとだんだん海が混んできて、漁の能率は下がってくる。能率が下がるというのは、一日に漁師が船を出す回数を増やせば総収入は増えるが、最後に出した回の水揚げは徐々に減ってゆく、ということである。あるいは、漁師が複数人である場合を考えると、「ここは魚がとれるぞ！」ということが知れわたり、その海域に漁に出る漁師が増えると、漁師全体がゲットする魚の水揚げの総量は増えるが、その増えかたはだんだん鈍くなり、最後のほうは船を出しても空振りに近くなる、つまり増えかたはゼロに近づく、ということである。

ここで、最後の回の生産行動から得られる収入を限界収入［Marginal Revenue：*MR*］と呼び、限界収入が徐々に減少してゆくことを「逓減する（diminish）」という。日本の経済学界では、なぜかいまではほとんど使われない「逓」という漢字をわざわざもちい、もったいぶって「逓減」なんて訳語をあてているが、元の英語が（たぶん）中学校で習う「diminish」だから、要するに「だんだん減る」というだけのことである。

そんなわけで、第二の法則は「限界収入逓減」とまとめられる。

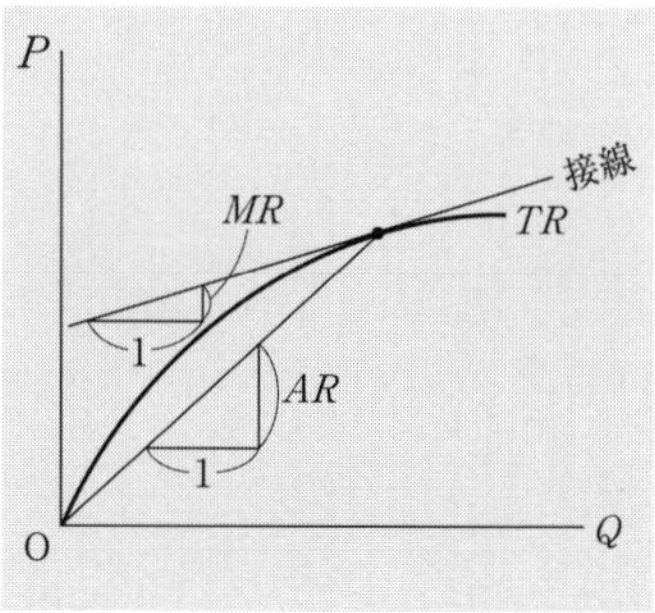

図１・１

言葉だけだとわかりにくいかもしれないので、限界収入逓減を図で考えてみよう［**図１・１**］。横軸に量［Quantity：*Q*］をとり、縦軸に価格［Price：*P*］をとった直交座標を考える。横軸の「量」というのは、この場合は、船を出す回数や参加する漁師の人数などで表現される漁の回数である。縦軸の「価格」というのは、自給自足経済では生産された財に価格が付くことはないから奇妙に聞こえるかもしれないが、収入や費用や利益を比較衡量するために便宜的に導入された単位にすぎないと思ってほしい。

それでは、この直交座標上で、総収入はどんな曲線を描くか。量がゼロだと総収入は当然ゼロなので、総収入曲線は原点［O (0, 0)］からスタートする。そして、漁の回数が増えると総収入は増加するので、曲線は右上がり、つまり傾きは正になる。小難しくいうと、総収入曲線の一階微分係数は正である。

ただし、海が混んできて、最後の出漁回や最後の参加者が得られる収入すなわち限界収入は逓減するので、曲線の上がりかたは徐々に緩やかになり、水平に近づいてゆく。これまた小難しくいうと、総収入曲線の二階微分係数は負となる。ちなみに、総収入曲線上のある点において、縦座標の値を横座標の値で割ったもの、すなわち原点とその点を結ぶ直線の傾きが、その点における平均収入［Average Revenue：*AR*］である。

これで、ようやく総収入曲線が描けた。問題は、漁師たちはどこまで魚をとろうとするか、つまり何回出漁するか、である。ちょっと考えると、出漁すればするほど総収入は増加するから、体力と気力と精神力が続くかぎり出漁し、とれるかぎりの魚をとって総収入の最大化を目指すのではないか、という気もする。しかし、問題は「出漁するには体力と気力と精神力をはじめとする費用がかかる」という事実である。もちろん、船を出すわけだから、燃料の補給や船の維持にかかる費用だってバカにならないだろう。

結局、合理的に行動する漁師が目指すのは、総収入を最大化することではなく、総収入から総費用［Total Cost：*TC*］をさしひいた利益を最大化することである。おっと、これが第一の仮定だった。

続・生産者行動理論

それでは、利益が最大となる点はどこか。

利益は総収入から総費用をひいたものである。したがって利益を最大化する点をみつけるには、総収入については曲線が描けたわけだから、あとは総費用曲線を描き、両者の差が最大になる点を探せばよい［**図1・2**］。

費用については、どの船を出す費用も、どの回の船を出す費用も、一定と仮定する。つまり平均費用［Average Cost：*AC*］は一定である。さらにいうと、最後の一回の出漁にかかる費用すなわち限界費用［Marginal Cost：*MC*］は、この場合、出漁一回あたりの費用が一定なので、平均費用と同じ数値となる。船の大きさはおのおの違うんじゃないかとか、船を出しつづけると減価償却が必要になるんじゃないかとか、いろいろと細かな疑問が頭をよぎるかもしれないが、モデルを簡略化するためだと思って我慢してほしい。そうすると、総費用は、一回も出漁しなければゼロであり、二回出漁したり漁師が二人出漁したりすれば二倍になるので、横軸の量に比例する。つまり、総費用は、直交座標上では、原点を通る直線をなす。ちなみに経済学では、直線は曲線の一種とみなすので、今後は「曲線」という語で統一する。

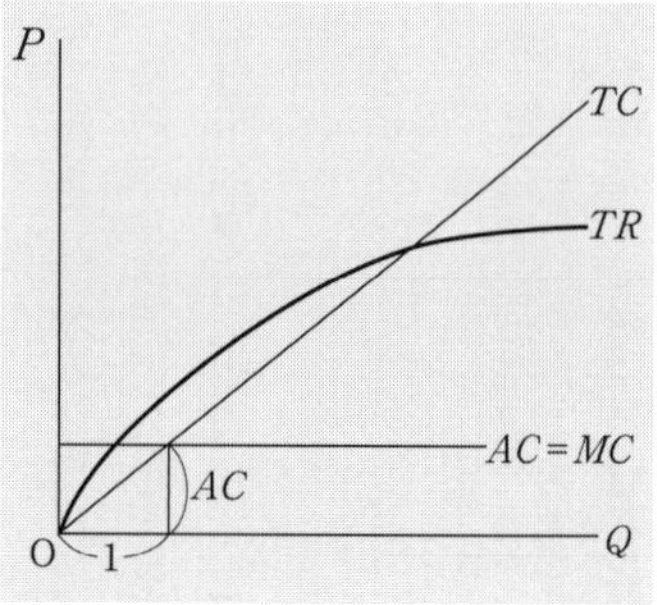

図1・2

なお、総収入が総費用を上回らなければ漁師は出漁しないので、総費用曲線は、少なくとも最初のうちは総収入曲線の下に位置し、ある点で交差し、その後は上に位置する。どの回の漁にかかる費用も一定だから、平均費用と限界費用は一定にして同じ数値であり、ともに横軸に平行すなわち水平な同一の直線として表される。

それでは、利益が最大になるのはどこか。これまで総収入、総費用、限界収入、限界費用、平均収入、あるいは平均費用といった概念を導入してきたが、利益を最大化する点は、これら概念を使うと、どう表現できるか、ということである。

複数の漁師がある海域に出漁する事例に即して、彼ら全体が得る利益がどうなるかについて考えてみよう［**図１・３**］。最初の漁師は、合理的な人間だから、収入が費用を上回って正の利益が見込めるがゆえに漁に出る。最初のひとりということは、その時点での最後の一回の出漁でもあるので、これは、限界収入が限界費用を上回っており、その差額が彼の利益となることを意味している。

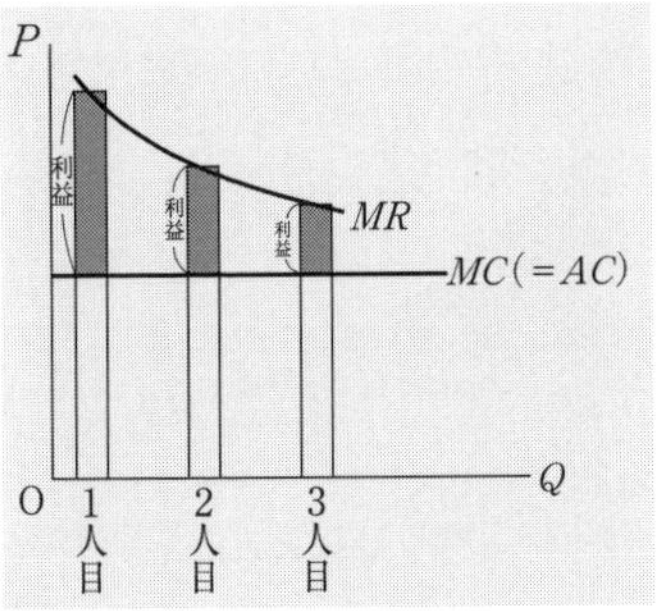

図１・３

彼の利益を目にして、二人目の漁師が出漁する。もちろん彼も合理的な人間なので、収入が費用を上回ると予想している。ただし、限界収入は逓減し、限界費用は一定なので、彼は、最初の漁師ほどの収入、さらに利益は見込めない。それでも、全体としてみると、二人目の漁師が体現する限界収入は限界費用を上回っている。彼ら二人について、おのおのの限界収入から限界費用をひいたものを合計すると、全体で得られる利益となる。

さらに、彼ら二人をみて、三人目の漁師が出漁する。限界収入はさらに減少し、これに対して限界費用は一定なので、彼が見込める利益はさらに少ないが、いまだ彼がゲットできる収入である限界収入は限界費用を上回っているので、利益は正である。したがって彼の出漁は合理的であり、また、全体の利益はこれによって増加する。

この簡単な事例からわかるのは、全体の利益は、個々の漁の限界収入から限界費用をひき、それらを足しあわせることによって計算できる、ということだ。

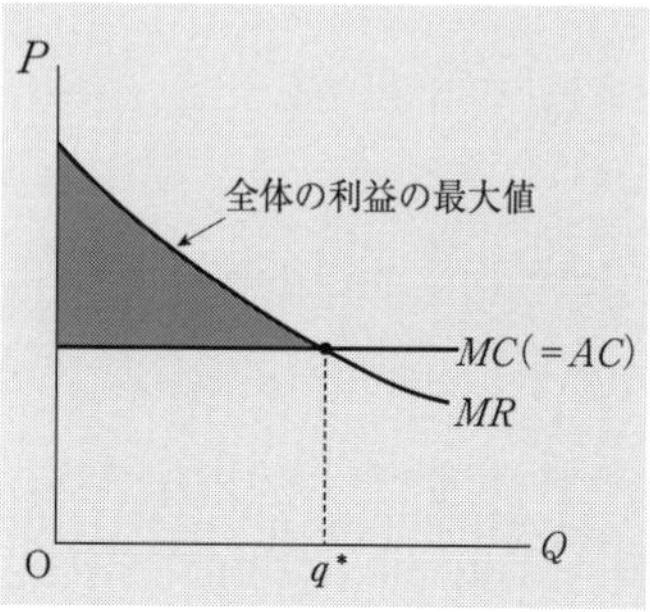

図1・4

しかし、いつまでも同様の事態が続くわけではない。限界収入は逓減するからだ。漁が増えてゆくにつれて、両者の懸隔はどんどん狭まってゆく。そして、どこかで両者は等しくなる。さらに漁が増えると、今度は限界費用のほうが限界収入よりも大きくなり、その回の費用が収入を上回ってしまうので、全体の利益は減りはじめる。したがって、全体の利益が最大となるのは、限界収入が限界費用と等しくなる点である。

図で考えてみよう［**図1・4**］。限界収入は、当初は水平な限界費用曲線の上に位置し、右下がりのかたちをとった曲線をなす。二つの線は、ある時点で交差する。この点をこえると、今度は、限界収入曲線は限界費用曲線の下に位置するが、これは利益が減ることを意味する。二つの曲線が交差する点は、横座標［q^*］が全体の利益を最大にする漁の量を表しているので、最適点をなす。そして、二つの曲線と縦軸で作られた三角形みたいなかたちをした図形の面積が、全体の利益の最大値となる。漁師は全員合理的な人間であり、これ以上出漁すると利益が減ることを理解しているので、漁はここで終わる。以上。

「利益最大化」と「限界収入逓減」という二つの法則を仮定すると「限界収入と限界費用が等しくなる点で利益最大化が実現され、その点が最適点となり、生産はそこで終わる」という結論が法則として導出される。これが生産者行動理論の基礎である。

コモンズの悲劇

ある人間集団がいて狩猟採集経済を営んでいる場合、彼らが合理的であれば、限界収入と限界費用が一致する量まで生産活動すなわち狩猟や採集をおこない、彼ら全体が得る総利益は最大になり、メデタシメデタシ——というのが、生産者行動理論から導出されたモデルが教えるところだが、こと漁業をはじめとする狩猟採集経済においては、実際には、そううまくゆくとはかぎらない。むしろ、うまくゆかない場合のほうが多いというべきだろう。

現実にはなにがおこってきたのか、そして、今日なにがおこっているのか、といえば、それは「乱獲」である。漁業についていえば、ちょっと前だと、秋田の特産品だったハタハタが乱獲のため絶滅寸前となり、幻の高級魚となった。最近だと、高級寿司ダネとして有名なクロマグロが、世界的な規模の乱獲により、絶滅危惧種に指定された。乱獲の犯人として国際的な非難を浴びているのは、いうまでもなくマグロ好きのわれらが日本人である。おっと、そういえば、これまた日本が批判の対象となっている鯨の問題もあった。漁業以外でいうと、象牙の獲得を目的とした象の乱獲が深刻である。

乱獲が進むと、収入量は減ってくる。絶滅すれば、収入は当然ゼロとなる。収入量が減れば、利益は減少する。すなわち、乱獲とは、限界収入と限界費用が等しくなる最適点をこえて生産が進んでしまうという、一種の過剰生産を意味している。

それでは、なぜこんなことが生じるのか。漁師など狩猟採集経済に携わる人びとが合理性を欠いているからだといいたくなるかもしれないが、じつはそうではない。生産者一人ひとりが合理的に行動する結果、全体としては乱獲や絶滅など非合理的な結果がもたらされてしまうのだ。狩猟採集経済に随伴するこんな事態は、今日では「コモンズの悲劇」という名で知られている。

狩猟採集経済の特徴は、だれもが自由に生産活動に携われるという点にある。

普通の生産活動として、たとえば携帯電話を工場で生産することを考えれば、両者の違いは明らかだろう。

携帯電話製造工場にある生産設備は、だれでも勝手に利用してよいわけではない。それは工場を所有する企業のものであり、使ってよいのは当該企業だけである。

これに対して、狩猟採集経済の例として、ここでもまた漁業を考えると、漁業が営まれる場たる海や湖や川は、基本的にだれでも利用可能である。領海権、漁業権、あるいは水利権といった排他的な利用権も存在するが、それらは例外的な存在や規定にすぎない。狩猟採集経済の特徴は、財の生産にだれでも自由にアクセスできるという点にある。このような特徴は、通常「オープンアクセス」と呼ばれている。また、オープンアクセスが可能な天然資源は、通常「コモンズ」と呼ばれている。

一九六八年、生態学者ギャレット・ハーディンは、人口問題に関する総説と展望を記した短い論文「コモンズの悲劇」を発表した。彼によれば、人口は環境や生態系に大きな影響を及ぼすまでに増加しているが、それは、水や空気をはじめとする環境や生態系や、さらには人類が構築してきた文明の構成要素の一部がオープンアクセスであり、そのことが、人類全体にとって最適な状態が個人おのおのにとって最適な状態と乖離するという事態をもたらしているからだった。かくなる判断に立ち、彼はなんと「産む自由」を制約するべきことを説くが、それはまた別の話。

この、たった六ページの論文は、経済学をはじめとするさまざまな学問領域において、ただちに受入れられ、大きな反響を呼んだ。それは、各個人が合理的に判断して行動した結果が、彼をメンバーとする集団全体にとって最適すなわち合理的な結果と一致するとはかぎらず、さらには、オープンアクセスである資源が関与する場合には、むしろ両者は一致しないほうが普通だ、と主張していたからである。

漁業の問題で考えてみよう。総利益が最大になる点とは、漁師全体にとって最適な点である。ただし、その点が、個々の漁師にとって最適な点、すなわち利益を最大にする点と一致するとはかぎらない。いや、漁業がなされる海や川が基本的にオープンアクセスであるからには、むしろ、両者は基本的に一致しない。ハーディンの所説からは、そんな結論が導出できる。

たしかに、限界収入と限界費用が一致する点で、全体にとっての利益は最大となる。しかし、ある漁師が、その点をこえてさらにもう一回出漁したとしたら、どうなるか。漁師集団の全体からすると、利益は減少する。しかしながら、出漁した漁師にとっては、収入は増えるから、出漁にかかる費用を考えても、もしかすると利益は増えるかもしれない。もしもそうだったら、この漁師は、自分の利益を最大にすることを考え、合理的に行動したといってよい。

集団の最適点をこえて出漁した漁師の利益は増加するか否か。この問題をモデル化し、図を使って考えてみよう。

コモンズの悲劇をモデル化する

ここまで出てきたのは、総収入〔TR〕、総費用〔TC〕、平均収入〔AR〕、平均費用〔AC〕、限界収入〔MR〕、そして限界費用〔MC〕である。まず、これらが相互にどんな位置関係にあるかを調べつつ、図を描いてみよう。

なお、水揚げの合計すなわち総収入は、出漁回数に応じて均等に配分されると仮定する。つまり、一回出漁すると平均収入がゲットできることになる。

まず、総収入と総費用。これらについては、すでにみたとおりである〔図1・1〕。総収入は、原点を通り、右上がりだが、傾きは逓減する曲線を描く。総費用は、原点を通る右上がりの直線を描き、当初は総収入曲線の下に位置する。

つぎに、平均費用と限界費用。これらについても、すでにみたとおりである〔図1・2〕。平均費用は、出漁一回あたりの費用なので、総費用曲線の傾きの値である。総費用は直線を描くから、その傾きは一定である。限界費用は、最後の回の漁にかかる費用だが、平均費用は一定なのでこれまた一定で、かつ平均費用に等しい。したがって、平均費用と限界費用は、横軸に平行する同一の直線として描ける。

そして、平均収入と限界収入。

このうち限界収入については、すでにみたとおり〔図1・4〕、「限界収入逓減」の法則により、右下がりの曲線をなす。また、当初は限界費用（したがって平均費用）曲線の上に位置するが、ある時点で交差し、それ以後は後者の曲線を下回る。

ここで問題は、限界収入曲線と限界費用曲線はどこで交わるかである。両者の交点［$E^*(q^*, p^*)$］では限界収入と限界費用が等しくなるが、このうち前者は、ある点において財を一単位増やしたときに増える収入の額だから、その点における総収入曲線の接線の傾きの大きさで表される。また、後者は、ある点において財を一単位増やしたときに増える費用の額だから、総費用曲線の接線の傾きをなしている。したがって、交点では、二つの曲線の接線の傾きが等しくなる。

このうち総費用は直線なので、接線の傾きは直線そのものの傾きと等しい。まとめると、交点では、総収入曲線の接線の傾きが総費用曲線（直線）の傾きと等しくなる。逆にいうと、二つの傾きが等しくなる点で二つの曲線が交わることになる。そして、そこで総収入と総費用の差たる利益が最大化される［**図1・5**］。

もう一方の平均収入だが、総収入曲線上のある点における平均収入の大きさとは、その点を原点と結んだ直線の傾きである。総収入は逓減するので、漁の量が増えるほど、総収入曲線上の点と原点を結んだ直線の傾きは小さくなる。つまり、平均収入は右下がりの曲線を描く。また、平均収入は、総収入曲線と総費用曲線が交差する点において、平均費用と等しくなる。当該の点を原点と結んだ直線とは、すなわち総費用曲線に他ならないからだ。まとめると、平均収入曲線は、右下がりで、総収入と総費用が等しくなるところ［$E^{**}(q^{**}, p^*)$］で平均費用と交差する［**図1・6**］。

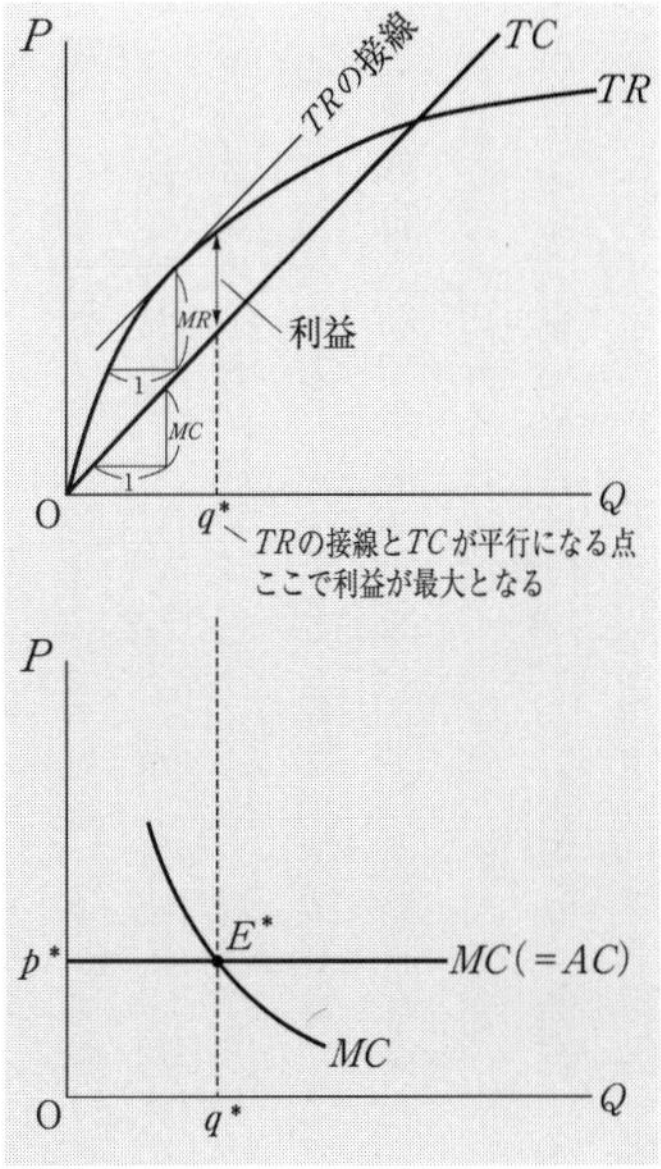

図１・５

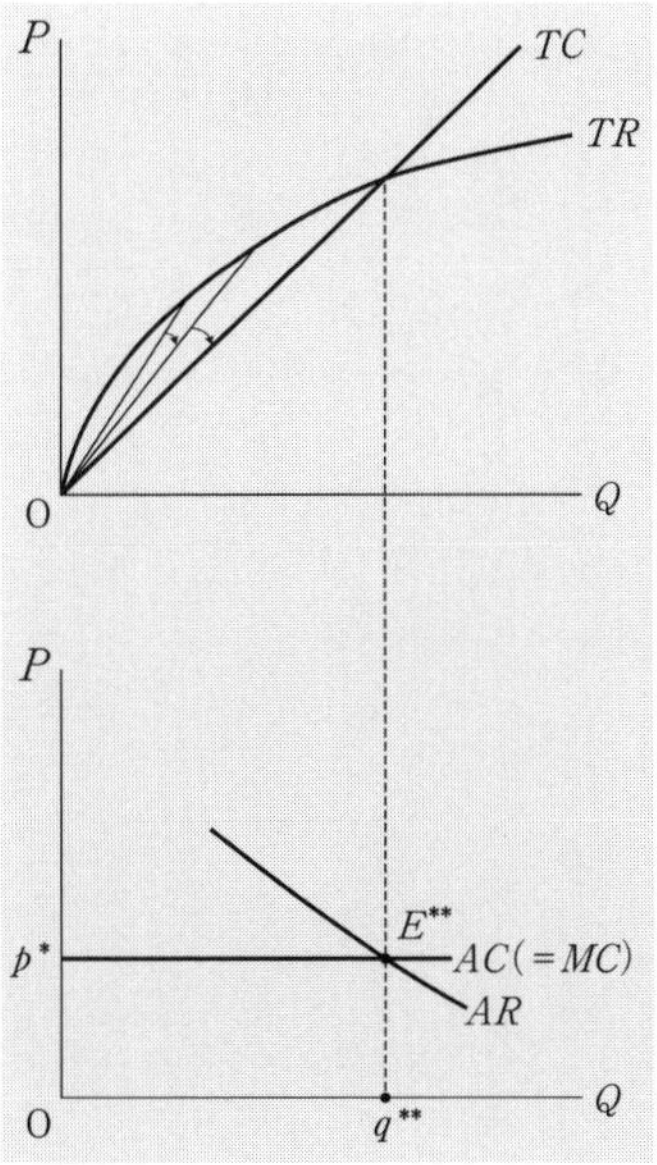

図１・６

最後に残ったのは、限界収入曲線と平均収入曲線の位置関係である。総収入曲線上に、どこでもよいから適当に点［F］をとってみよう。総収入は逓減するので、原点とその点［F］を結ぶ直線は、総収入曲線に対して、かならず左下から右上に交差する。ここで、その点［F］からもう一単位、右に動かしてみよう。そのときの総収入の増加分が限界収入、原点ともとの点［F］を結ぶ直線上の増加分が平均収入である。両者を比較すると、上述した「左下から右上に交差する」という位置関係を反映して、前者は後者よりもかならず少なくなる［図１・７］。ここから、限界収入曲線は平均収入曲線の下に位置することがわかる［図1・8］。

いやあ、疲れた。でも、どうにか、総収入、総費用、限界収入、限界費用、平均収入、そして平均費用の位置関係がはっきりした［図1・9］。

そして、これで、ようやく、集団の最適点をこえて出漁した漁師の利益は増加するか否かという設問に回答できる。

利益が最大になる点すなわち最適点［$E^*(q^*, p^*)$］において、平均収入曲線は平均費用曲線のうえにある。平均収入曲線はつねに限界収入曲線のうえにあるからだ。ここで、総収入は均等に配分され、したがって一回出漁すれば平均収入が獲得できる、という仮定を思いだしてほし

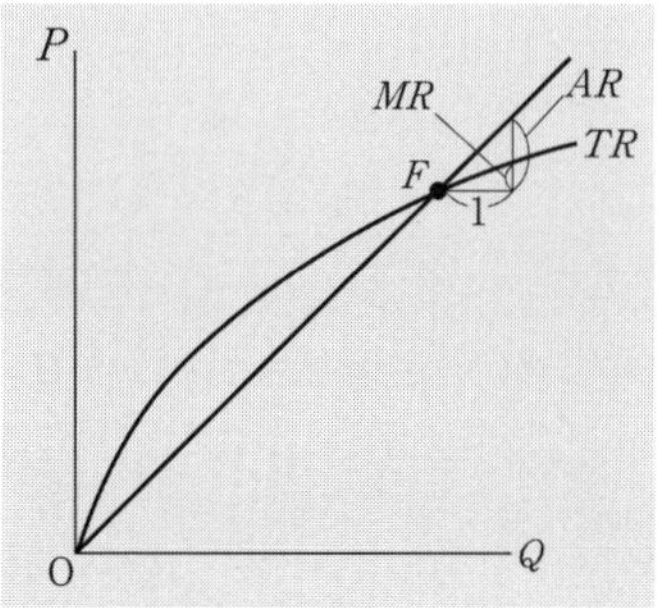

図1・7

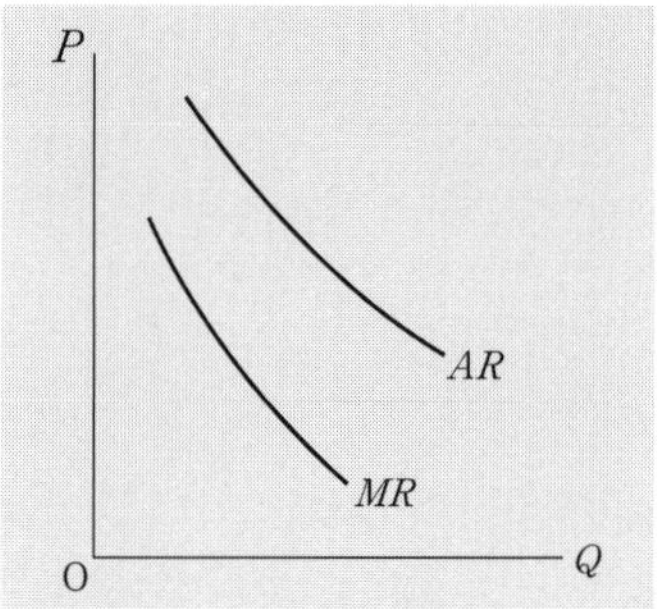

図1・8

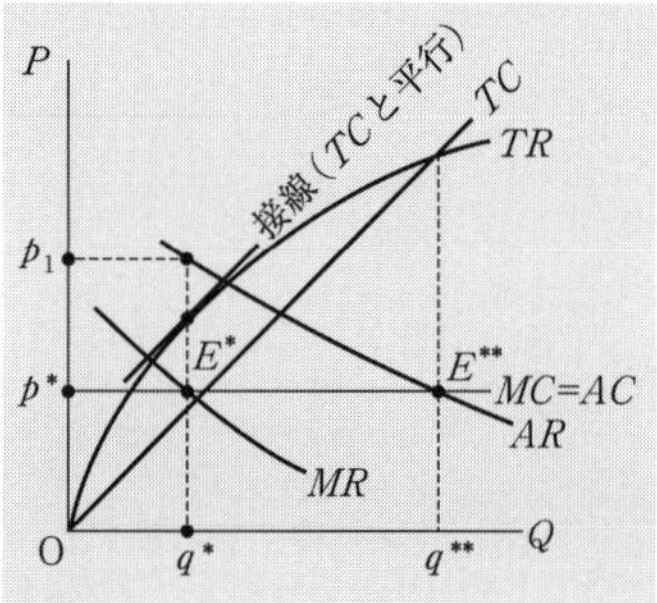

図1・9

い。つまり、最適点［E^*］において、ある漁師が抜駆けしてもう一回出漁すれば、彼は平均収入が得られ、平均収入は平均費用よりも大きいから追加の利益［(p_1-p^*)］が見込めることになる。集団の最適点をこえて出漁した漁師の利益は増加するのだ。

そうだとすれば、合理的な漁師であれば、出漁を続けたり増やしたりするにちがいない。さらにいえば、漁師は全員合理的だと仮定されているから、全員が抜駆けするはずだ。全体としての最適点をこえることはわかっていても、である。

それでは彼らはどこまで出漁を続けるかというと、それは総収入が総費用と等しくなり、平均収入が平均費用と等しくなり、したがって、どの回の漁についても利益が出なくなってしまう点［E^{**}］である。これが乱獲、さらに言えば、一般にコモンズの悲劇と呼ばれている事態が生じるメカニズムである。

なお、総収入は均等に配分されるという仮定は恣意的だと感じられるかもしれない。その場合は、次のように考えてみてはどうだろうか。出漁する前に、漁師が集まり、どれくらい漁をするかを議論する。全員一致の結論は、表面上は、当然「全体の利益を最大にするため、最適点［E^*］をめざして行動しよう」となるはずだ。でも、一人ひとりの漁師は、胸のなかでは「抜駆けして、もっと出漁を増やそう」と考え、実際、行動に移すにちがいない。そうすれば、船の大きさが同じだとして、増やした分の出漁は、総収入を出漁の回数で割った平均収入をもたらし、自分の収入の合計を増やすからである。こうして、すべての漁師が出漁の回数を増やし、気付いたときには、すべての漁師について利益は雲散霧消し、場合によっては赤字が出てしまっているわけだ。

オープンアクセスが利用できる場合、人間集団全体の利益を最大化する最適点と、各個人の利益を最大化する点がずれてしまう。だから、人間は合理的であると仮定しても、いや、合理的であるがゆえに、合理性の結果として達成されるべき全体としての最適点が実現されない。非合理性も悪意もないままに、オープンアクセスが可能な天然資源が供給する財は乱獲され、人びとの生活水準は悪化してゆく。コモンズの悲劇が「悲劇」と呼ばれる所以である。

そして、狩猟採集経済においては、天然資源はたいていオープンアクセスであるため、コモンズの悲劇が生じやすい。これが、狩猟採集経済が孕む第一の問題である。

生産性の停滞

狩猟採集経済の二つ目の問題は、生産性がなかなか向上しないことである。生産性が向上しなければ、人びとの暮らしは豊かにならないだろう。さらにいえば、いまから何万年も前の時代においては、そもそもの生産性は低く、人びとは生存の限界ギリギリで生活していたはずだ。そんな状況のなかで生産性が低ければ、天候不順など不測の事態が生じた場合、人びとは生命の危険にさらされることになる。

狩猟採集経済においては、なぜ生産性の向上が困難なのか。そこには二つの理由があると思われる。

第一は、これまで狩猟採集は「生産」の一形態であると述べてきたが、もっと正確にいえば、財を生産しているのは人間ではなくて自然環境であるということだ。

狩猟採集とは、自然環境が生産した財を、人間が勝手に取得するという行為にすぎない。漁業についていえば、財たる魚を生産しているのは、漁師ではなく、母なる海である。漁師は、そこから魚を勝手にゲットしているにすぎない。そして、自然環境そのものに、生産性向上の意思があるとは思えない。したがって、ぼくら人間ができることといえば、せいぜいが、ぼくらをとりまく自然環境が過度に悪化して取得できる財の量が激減しないように気をつけるとか、狩猟採集のテクニックを改善して収量の増加に努めるとかいった程度の、いわば間接的な営為だろう。

もちろん、降雨の喚起や地球温暖化の制御など、自然環境を変化させる技術が開発されれば、狩猟採集の生産性を向上させることは可能になるかもしれない。しかし、今日にあっても、先は長い。人工降雨や人工降雪は可能になったかもしれないが、地球温暖化の制御に全世界が悪戦苦闘していることは周知の事実である。

第二は、コモンズの悲劇の構図が出来上がっている場合、自分だけ頑張って生産性を向上させようというモチベーションが働きにくくなるということだ。

またも漁業を例にとると、ある漁師が（ほとんどSFの世界だが）画期的な魚の増産技術を開発し、それによって魚が倍増したとしよう。倍増した分の魚は、苦労して技術を開発した漁師のものになるか、といえば、そんなことはない。魚が倍増したという噂を聞きつけた他の漁師たちは、出漁の回数を増やすにちがいない。たとえば全員が出漁回数を二倍にすれば、技術を開発した漁師の取り分は、かつてに比すれば二倍にはなるが、それでも開発の苦労につりあうと感じるかといえば、答は「？」である。

さらにいえば、魚が倍増したとしても、コモンズの悲劇のメカニズムが働けば、最終的には総収入と総費用は等しくなり、技術を開発した漁師を含めてすべての漁師の利益はゼロになってしまう。これでは、生産性を向上させる技術の開発という営為は、どう考えても損である。

人類が最初に採用した生産形態である狩猟採集経済は、オープンアクセスという特徴をもっていたことを反映して、財の乱獲や生産性の停滞をもたらしやすいという問題をかかえていた。そして、これらの問題は、ただちに生存の危機につながっていた。それでは、どうすればよいのか――紀元前一万年ごろ、世界各地でぼくらの祖先が直面していたのは、こんな状況だった。

読書案内

人類の曙については、経済史学を含めた歴史学というよりは、むしろ考古学の守備範囲というべきだろう。実際、歴史学者が書いた代表的な世界史の通史であるマクニール［2008］は、狩猟採集経済から農耕牧畜経済への移行を画する農耕革命前後から記述を始めている。

考古学の世界では、発掘の進展や、進化生物学や進化心理学や認知考古学など隣接学問領域も含めた諸領域における理論的発展を反映して、新たな知見が急速かつ次々に登場している。たとえばネアンデルタール人は、かつては「ぼくらホモ・サピエンスの祖先である」だったのが「ある時点でホモ・サピエンスと分岐したので、ぼくらの祖先ではない。しばらくホモ・サピエンスと共存したが、やがて絶滅した」となり、さらに「遺伝子解析してみると、両者は交配していた」になった。この点については、とりあえずペーボ［2015］を参照。

これら近年の研究動向を踏まえたうえで、人類の曙について、わかりやすく通史的な概説を提示しているものとして、認知考古学者が一般読者むけに書いたミズン［2015］がある。

また、文明の発達を地理的要因に帰すダイヤモンド［2000］や、東洋と西洋の優劣を時系列的に比較することをめざすモリス［2014］も興味深い。

なお、自然環境のなかでも、とりわけ気候変化は、人間の生活に大きな影響を与えてきた。本書では前面に出して取上げることが（ぼくの能力不足の関係で）できないが、この点については、鈴木［2000］が過去一万年間をサーベイするという難題に取組んでいる。

コモンズの悲劇という問題を提起したハーディンの論文（Hardin［1968］）は、ウェブ上で全文が読めるので、関心をもたれた向きは検索してほしい。

コモンズの悲劇については、経済学や環境科学など幾多の分野で論じられ利用されてきたので、多くの教科書にモデル化された説明が見出せる。経済学についていえば、環境経済学や公共経済学など、いわゆる応用ミクロ経済学の分野の教科書でみつけやすい。ぼくが見たかぎりでわかりやすい説明を提示しているのは、小島［2006］第二章。そこでは、さらに、コモンズの悲劇は（本書でも第7章で取扱う）独占企業の行動メカニズムと同型であるという大切な指摘が、わかりやすく説明されている。

ちなみに、今日でも狩猟採集経済の色彩を色濃く残している漁業においては、コモンズの悲劇は依然としてアクチュアルな問題でありつづけている。ホッケ、ウナギ、サバ、マグロなどを対象とする日本漁業がかかえる問題については、勝川［2012］が必読。魚好きであれば、一読して頭をかかえること請け合いである。

第2章　農耕革命

農耕革命と定住

紀元前一万年ごろから、肥沃な三日月地帯（中東）や中国長江流域を皮切りに、世界各地で、人びとの定住と、農耕や牧畜の開始がみられるようになった。狩猟採集経済から農耕牧畜経済への移行である。この事態は、農耕革命、あるいは農業革命、食料生産革命、定住革命、磨製石器が使用されるようになったことを重視して新石器革命などと呼ばれているが、多様な呼称があること自体、農耕牧畜経済の導入がいかに重要な出来事だったかということを表現している。

考古学者スティーヴン・ミズンや人類学者スヴェンテ・ペーボの概説的な説明に依拠しつつ、

もうちょっとくわしく農耕革命についてみてみよう。

紀元前七万年ごろから紀元前一万年ごろまで、地球は氷河期にあった。これを最終氷河期と呼ぶが、最終氷河期が終わって温暖化が始まってしばらくすると、西アジアとりわけ現ヨルダン・パレスティナ・イスラエルを中心とする東部地中海地域において、狩猟採集を生業としながら移動して生活するというライフスタイルの放棄がみられるようになった。

人びとは、数十人から数百人の単位で集住して集落を形成し、泥レンガで家を建てて定住した。また、その地域に自生していたコムギ・オオムギを中心とする穀物やレンズマメをはじめとする豆類を栽培し、備蓄するとともに、イヌ（オオカミ）、ついでヤギやヒツジ、さらにはブタやウシを家畜化し、放牧にもとづく牧畜を営んだ。集団的な定住、農耕牧畜による食料獲得、生産物とりわけ農産物の備蓄を特徴とする農耕牧畜経済への移行――農耕革命である。

この時期以後、世界各地で農耕革命が進んでゆく。ヨーロッパ、北アフリカ、あるいは中央アジアなど、西アジア周辺諸地域では、革命は、コムギ・オオムギ・ヤギ・ヒツジを中核とする西アジア型の農耕牧畜形態の伝播という形態をとった。同文化は、紀元前七〇〇〇年ごろにはインダス川流域すなわち北インドまで到達している。

これに対して、アメリカ大陸や東アジアの農耕革命は、西アジア型農耕牧畜形態の伝播によって生じたとはみなしがたい。

アメリカ大陸をみると、中央アメリカでは、紀元前七〇〇〇年ごろに農耕牧畜が始まり、また紀元前三〇〇〇年ごろには人びとが定住していた。南アメリカでは、定住の開始が紀元前二五〇〇年ごろ、農耕牧畜の開始が紀元前一七〇〇年ごろと、定住のほうが早かった。栽培作物の中核は、トウモロコシ、インゲンマメ、そしてカボチャである。

東アジアでは、すでに紀元前一万年ごろ、長江中下流域でイネの品種改良による栽培作物化が始まった。イネの栽培は紀元前五〇〇〇年ごろには中部インドに伝播し、その結果、インドは、東西の農耕牧畜形態がぶつかりあう地域となった。

このように、農耕革命は、時期は紀元前一万年ごろから同二五〇〇年ごろまでと幅広く、プロセスとしては自生的発生もあれば伝播もあり、メカニズムについては「定住による農耕牧畜の開始」と「農耕牧畜の開始による定住」の両者が存在するなど、多種多様な形態をとった。また、革命の原因についても、人口が増加したこと、備蓄手段や交通手段について技術革新がなされたこと、最終氷河期の終焉にともなってマンモスなど狩猟の主要対象たる大型動物が激減したことなど、諸説が並存しており、「これだっ」という定説は成立していない。おもに考古学者によって進められている農耕革命研究は、今日においてもなお現在進行形である。

ただし、ぼくらにとって重要なのは、農耕牧畜という生産形態は、一部の例外的な事例を除き、世界各地に広まっていったことである。これは、ひとたび農耕革命を経験した人びとが自主的に狩猟採集経済に戻ることはほとんどなかったことを意味している。農耕牧畜経済は、人びとに対して、狩猟採集経済を上回るメリットを保証し、あるいはデメリットを解消する方策を提供するものだった。だからこそ、多くの人びとは農耕牧畜という生産形態を中核とし、定住して家を建て、集住するという新しいライフスタイルを受容したのである。新しいライフスタイルを受容するには、多くの手間とコストがかかるにもかかわらず。

農耕革命をモデル化する

農耕革命については、人口学者・原俊彦が興味深い分析を試みている。すなわち、彼は、地球生態系をモデル化した通称「ワールド・モデル」を利用し、農耕革命期について得られている各種データをそこに投入してコンピュータ・シミュレートすることにより、革命の原因に関する既存の諸説の妥当性を検証しようと試みた。

そして、大略「人口成長は緩やかだったが、環境の変化もあり、狩猟採集による食料獲得では生存が維持できなくなる限界に到達した。この事態に対応するため、人びとは、労働集約的、すなわち多くの人びとが携わることができ、また働く人数（労働投入量）が増えれば生産量も増えるような技術をもちいる農耕牧畜を採用した」という結論に至った。この結論自体は穏当なものかもしれないが、採用された手続はなかなかの荒業でステキである。

原が提示した農耕革命のメカニズムを、モデル化してみよう。

まず、例によって「利益最大化」と「限界収入逓減」の二つを仮定する。人びとは、この二つの法則を念頭に置きながら、狩猟採集経済と農耕牧畜経済のどちらかを合理的に選択する。モデルを構築するにあたり、考慮に入れなければならないのは、原の結論からすると、人口成長、環境変化、技術革新の三つである。ぼくらがとるべき手続は、したがって、第一に、これら三つを取入れたかたちで二つの生産形態を表現する、第二に、二つの仮定のもと、どんな状況であれば人びとは農耕革命に乗出すかを考える、というものになる。さて、どこから手をつければよいか。

幸いなことに、農耕革命については、経済学者ダグラス・ノースが、興味深く、かつ、ぼくらの目的にとって役立ちそうなモデルを提示しているので、それを援用しながら話を進めよう。

第一の課題について［**図２・１**］。

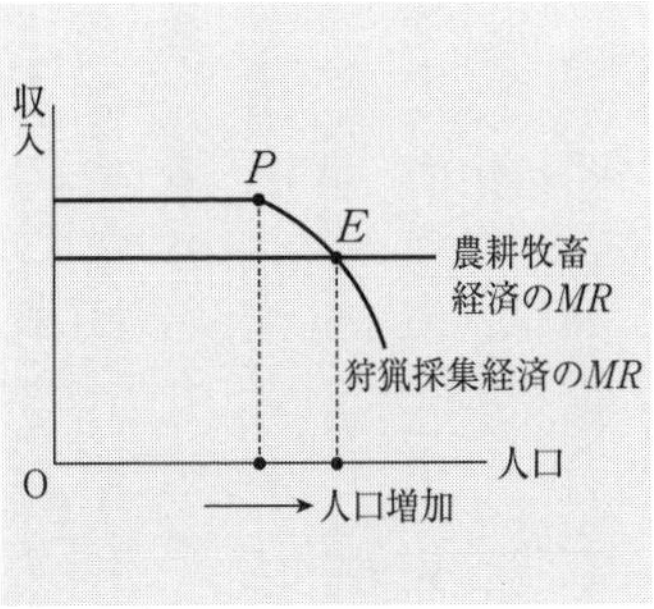

図２・１

例によって、横軸になんらかの量、縦軸になんらかの価値をとった直交座標を考えることから始めるわけだが、この平面上で二つの生産形態を比較するには、さて、なにをどう書込むべきか。

ぼくらは人口成長を考慮に入れなければならないので、横軸には人口をとるのが適当だろう。そうすると、人口成長は、横軸上の右方向への移動として表現できる。また、技術革新と環境変化は収穫に影響を与えるが、収穫はムリヤリ収入に換算しようとすれば換算できるので、縦軸には収入をとる。この場合、横軸上で右に一進む、すなわち人口が一増えたときに増える収入が限界収入［MR］となる。技術革新と環境変化は、人口成長にともなう限界収入の変化すなわち限界収入曲線の形状によって表現できる。人間は、二つの生産形態について、どちらの限界収入が大きいかを判断して選択をおこなう。これらの点を考えあわせると、ぼくらがなすべきは、限界収入曲線を描いて比較することである。

はじめに狩猟採集経済だが、これは天然資源を拾ったり奪ったりして生活するわけだから、生活水準は、天然資源が人口に比してどれくらい存在するかによって決まる。天然資源の量は人間がどうこうできるような類いのものではないから、あらかじめ与えられている（与件）と考えてよい。天然資源は、人口がある程度の水準に至るまでは、新規参入者も既存の参加者と同じ量を余裕でゲットできる。しかし、その地点［P］をこえると、一人あたりの収入は質的にも量的にも低下しはじめる。最後の一人あたりの収入が限界収入だから、人口が成長してゆくと、ある点で「限界収入逓減」の法則が働きはじめるというわけだ。限界収入曲線は、したがって、最初は水平、途中から下降しはじめ、傾きは徐々に急になってゆく、という形状をとる。

つぎに農耕牧畜経済だが、当初は耕作地や牧畜地は十分に余っているし、労働集約的な生産形態だし、技術的には労働投入量が増えると生産量も増えるので、農耕革命期の人口密度程度であれば、余裕でカバー可能である。すなわち、だれかがあたらしく農耕や牧畜に参入しても、彼の収入は他の人びとと一緒となる。この時期の農耕牧畜経済の限界収入は、「限界収入逓減」の法則があてはまらず、一定であると考えてよい。限界収入曲線の形状は、したがって水平である。

当初、人口が少ない段階では、農耕牧畜経済ではなく狩猟採集経済が選好される。これは、前者よりも後者のほうが限界収入が多いこと、すなわち限界収入曲線が上にあることを意味している。ところが、人口が増加してゆくと、ある点［P］で狩猟採集経済の限界収入は逓減しはじめ、やがて農耕牧畜経済の限界収入と等しくなる。両者が等しくなる点［E］では、新規参入する者は、狩猟採集と農耕牧畜のどちらを選択しても、期待できる収入は等しい。この点［E］において、二つの生産形態は均衡する。

第二の課題について。

まず、人口成長が続く場合が考えられる。人口が均衡点［E］をこえると、農耕牧畜経済のほうが狩猟採集経済よりも限界収入が多くなる。新規参入者にとっては、前者を選ぶほうが得になる。さらに人口が増えると前者を選ぶ人の割合が増加してゆくから、農耕牧畜経済の比率は上昇し、農耕革命が進行する。

つぎに、狩猟採集経済に不利な方向に環境が変化した場合である［図2・2］。地球温暖化が始まり、それまで主要な狩猟対象だったマンモスなど寒冷な気候を好む大型獣が減少するといった事態が考えられる。これは、実際に、最終氷河期の終了にともなって生じた事態である。狩猟採集経済の生産性は低下し、限界収入曲線は下方

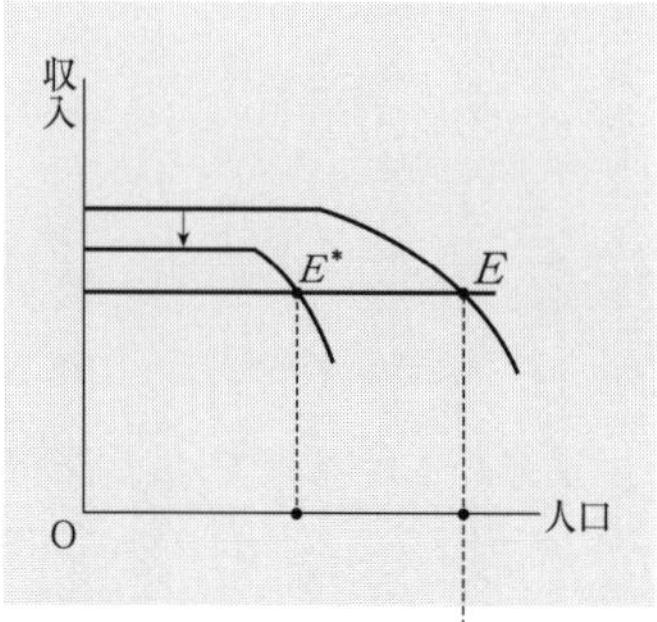

図2・2

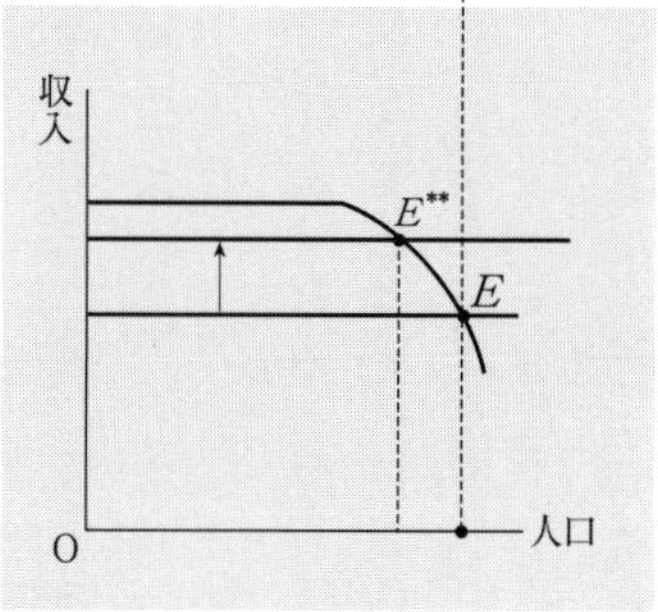

図2・3

にシフトするので、均衡点は左［E^*］にシフトする。農耕牧畜経済の比率の増加、すなわち農耕革命である。

さらに、農耕牧畜経済で技術革新が生じ、生産性が上昇した場合も、同じことがいえる［**図2・3**］。たとえば、鎌など農具の改良や、土器など備蓄用具の開発である。農耕牧畜経済の限界収入曲線は上方にシフトするので、均衡点は、やはり左［E^{**}］にシフトする。これもまた農耕牧畜経済の比率の増加、すなわち農耕革命をひきおこす。

人口成長、狩猟採集に不利な環境変化、農耕牧畜における技術革新。これらは、いずれも、人びとが農耕革命に乗出すインセンティヴとして機能する。そして、この三者は、実際に、紀

元前一万年ごろ以降、世界各地に生じた事態だった。

さらにいえば、多くの人口を支えうる農耕牧畜が広まると、そのことが逆に人口成長を加速させるという正のフィードバックが機能しはじめる。実際、国連人口情報ネットワークの推計（一九九五年）によれば、農耕革命を契機として、世界の人口は、革命当時の紀元前八〇〇〇年の約五〇〇万人から、紀元前後の約三億人に増加した。農耕牧畜経済への移行が不可逆的な「片道切符」だったのは、そのためである。

かくして、集団的定住、農耕牧畜、そして備蓄を特徴とする新しいライフスタイルが成立し、確立し、普及する。そして、その先には、都市の成立、国家の出現、あるいは文明の誕生といった、ぼくらになじみぶかい史実が登場する。たとえば、農耕革命が始まった西アジアで最初の文明たるメソポタミア文明が誕生したのは、紀元前三五〇〇年ごろのことだった。

狩猟採集経済のデメリットは解消されたか

それでは、農耕革命による農耕牧畜という生産形態の導入は、狩猟採集経済が孕んでいたデメリットを解消できたのか。解消できたとしたら、その解消は、いかなる方策によってなされたのか。

狩猟採集経済のデメリットとは、先述したとおり、コモンズの悲劇にもとづいて資源が乱獲されがちであること、生産性が停滞することが多いこと、この二点である。

まず、資源の乱獲の問題から考えてみよう。

コモンズの悲劇が生じるメカニズムには、一見、奇妙に感じられる部分がある。すなわち、利益が最大となる最適点をこえて狩猟採集を続けると、全体としての利益は減少しはじめるのに、抜駆けして資源採集量を増やす個人の利益は増える、という点である。これは一体どういうことなのか。

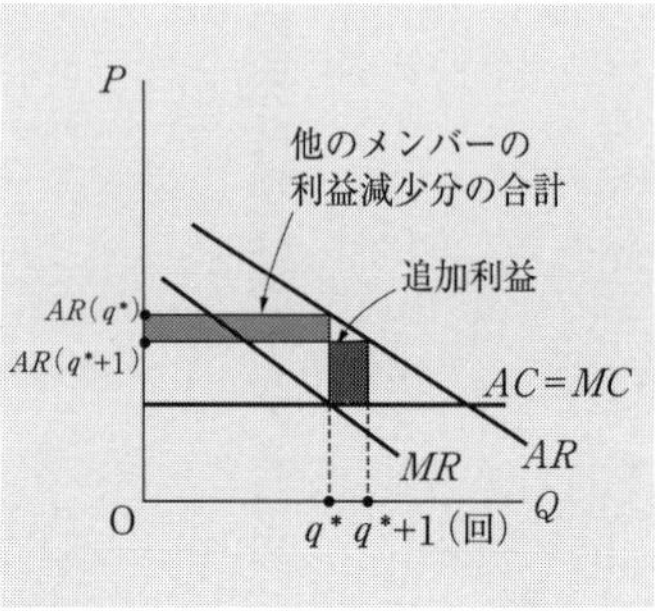

図2・4

例によって、漁業に即してみてゆこう［図2・4］。全体としての利益は、限界収入と限界費用が等しくなる回［q^*］で最大となる。しかし、この最適点において、平均収入曲線［AR］は平均費用曲線［AC］の上にある。したがって、総収入が出漁回数に応じて均等に配分されるとすれば、個々の漁師にとっては、抜駆けして出漁することによって、一回の抜駆けあたり平均収入から平均費用をひいた追加利益［($AR-AC$)］が期待できることになる。この期待追加利益がインセンティヴとして機能してコモンズの悲劇のメカニズムが作動することにより、乱獲が始まる。

それでは、この追加利益はどこから生じるのか。それは抜駆けした漁師の努力と勤勉の産物なのか、といえば、そうではない。たしかに総収入曲線は右上がりなので、出漁回数が増加すれば、総収入も増加する。しかし、最適点をこえると利益は減少しはじめるから、総収入の増加は利益の増加にはつながらない。努力と勤勉を駆使して抜駆けをしたとしても、それは新たな利益をもたらすわけではないのである。

そうだとすれば、抜駆けによって得られる追加利益は、他の漁師の利益を横取りすることによって実現されたと考えるしかない。たしかに、抜駆けによって出漁回数が増加すると、平均収入は低下する。平均費用は一定だから、このことは、抜駆けしない漁師にとって、利益が減少することを意味している。たとえば、出漁回数が最適回［q^*］から一回増えると、その出漁回数［(q^*+1)］に対応する平均収入［$AR(q^*+1)$］は最適回における平均収入［$AR(q^*)$］を下回る。彼は、全体の利益が最大になるように行動しているだけで、なにも悪いことをしていないのに、他の漁師が抜駆けしたせいで、自分も出漁を増やさないかぎり利益が減る。しかし、出漁回数を増やせば、それはそれで他の漁師の利益を減らすことにつながるだろう。最適回をこえると、あとは利益の奪いあいが始まる可能性が高いのである。

まとめると、抜駆けによって得られる追加利益は、他のメンバーの利益が減ることによって実現される。さらにいえば、最適点をこえると全体としての利益は減少するので、追加利益は、他のメンバーの利益の減少分の合計を下回る。したがって、抜駆けが続けば、全体としての利益は減少しつづけ、やがてゼロになる。

それでは、コモンズの悲劇を避けるには、どうすればよいか。悲劇のメカニズムの根底に「利益の奪いあい」があり、さらに、その根底には資源がフリーアクセスであるという事情があるからには、答えは「フリーアクセスを適切にコントロールする」の一択。そして、その方策としては、とりあえず二つが考えられる。

第一に、利益の奪いあいがおこるのは、一部のメンバーが抜駆けするせいだから、抜駆けができないようにアクセスを規制するルールを全員で定め、さらには、相互に監視し、必要であれば制裁するシステムをつくればよい。この場合、フリーアクセスをどこまで規制するかは、資源の性質や集団の特徴により、ケースバイケースである。貧しい者にはフリーアクセスを認めるとか、冬は資源が減少するので、冬だけはフリーアクセスを全面禁止するとか、さまざまなパターンが考えられる。

ただし、相互監視という制度が有効に機能するには、いくつかの前提条件が必要になる。だれが抜駆けしたのか確認できなければならないし、抜駆けした場合、ちゃんと制裁を加えることが可能でなければならない。しかし、メンバーがあまり多すぎたり、出たり入ったりが頻繁にすぎると、そんなことは不可能である。そうだとすると、当該の資源にアクセスする権利をもつ人間集団は、あまり大規模ではなく、またメンバーシップがある程度固定していなければならない。

それには、とりあえずメンバーが定住していることが前提条件となる。それによって、はじめて、相互監視とか制裁とかいった、フリーアクセスを適切にコントロールして資源利用を運用することが可能になるからだ。

ちなみに、フリーアクセスである資源が土地である場合、メンバーによる土地の利用を規制・監視するメカニズムを備えた人間集団は、村落共同体（あるいは農村共同体、rural community）と呼ばれている。村落共同体は、歴史上、日本やヨーロッパに典型的にみてとれるが、その出現の背景には、コモンズの悲劇を避けなければならないという事情があった。

第二に、よりラディカルなのは、フリーアクセスを全面的に禁止してしまうことである。フリーアクセスが可能なのは、土地や海など天然資源がだれのものかよくわかっていないからだ。そうだとすれば、天然資源の所有権をがっちりと決定してしまえばよい。漁師の例についていえば、ここの海域はだれのもの、あそこの海域はだれのもの、というかたちで、私的所有権を設定してしまえば、それを犯して抜駆けすることは違法となる。

もちろん違法行為を犯した者に対する制裁システム、すなわち司法制度を確立することは必要だし、また手間はかかるが、私的所有権さえ定めてしまえば、あとは自動的に「抜駆けはダメ」といえるのだから、こりゃ楽だ。「違法行為」というレッテルがもつ抑止効果を考えれば、相互監視や制裁が実効性をもつ必要性さえない。違法行為だとわかっていて、それでも自分の物質的な利益のために行動に移す度胸がある人間は、それほど多くないはずだからだ。

そして、天然資源に対して私的所有権を設定するためには、ここでもまた定住することが必要となる。狩猟採集経済は、基本的に、利用できる財がなくなったら別の地に移動し、新しい天然資源のなかに財を求める、というライフスタイルを特徴とする。しかし、これでは、資源の私的所有権を確定することは難しい。たとえ小規模な人間集団だったとしても、移動するたびに「この土地はだれのもの」とか「この水域はだれのもの」とかをいちいち確定しなければならないのでは、費用と手間がかかりすぎるからだ。

フリーアクセスを適切にコントロールし、コモンズの悲劇を避けるには、村落共同体にみられるようにメンバー全員に適用されるルールを策定すること、財を産する天然資源に対する私的所有権を確定すること、この二つの方策が有効である。そして、二つの方策に共通する前提条件として、メンバーは定住していることが望ましい。農耕革命は、農耕牧畜という生産形態を導入することにより、定住を促進した。それがコモンズの悲劇の回避につながったことは、想像にかたくない。

さて「ようやく」という気がするが、狩猟採集経済のデメリットの二点目である生産性の停滞という点に話を進めよう。

この点については、話は単純である。狩猟採集経済において、財を生産するのは人間ではなく自然環境だった。その場合、生産性の向上が期待できるのは、厳密な意味における「生産」の次元ではない。これらはぼくら人間の手の届かないところにあり、人間ができることといえば、せいぜい狩猟とか採集の方法を改善する程度でしかない。

これに対して農耕や牧畜においては、財である栽培植物や飼育動物の生産性を向上するという行為は、自然環境ではなく人間の守備範囲となる。生産性を上げれば上げるほど利益は増加するのだから、生産性向上のインセンティヴは格段に高まるだろう。そして、これが、実際に生じた事態だった。主食である穀物や豆類をはじめとする栽培植物の品種改良、農業や漁業にもちいられる道具の改良など、さまざまな領域における生産性向上の試みが進められ、農耕革命以後、人間の生活水準は向上しはじめる。人口成長率が一ケタはねあがり、人口増加が加速したことが、そのことを証している。

農耕革命は、狩猟採集経済のデメリットを、かなりの程度において解消したのである。

モラルエコノミー

それにしても、狩猟採集経済を放棄し、定住して農耕牧畜経済を開始した人びとの度胸には、感心をとおりこして驚かされる。これまで狩猟採集経済のデメリットばかりを強調してきたが、農耕牧畜経済には農耕牧畜経済なりのデメリットがあるからだ。

たとえば、局地的な天候不順に見舞われた場合、移動をくりかえす生活であれば、すぐに他の土地に移ればよい。しかし、定住してしまっていたら、それは簡単なことではないだろう。泥レンガの家のなかで、じっと待つしかない。あるいはまた、ある食用植物に伝染病が流行って不作になった場合、採集を基本とする生活であれば、採集して消費する対象を別の植物に切替えればよい。しかし、その植物を耕作していたら、次の収入までには少なくとも一年待たなければならない。それまで、備蓄でやりすごせるのか。

農耕牧畜経済には、生産性向上のインセンティヴが高まることをはじめとする、さまざまなメリットが存在する。しかし、その一方では、特定地域に定住することや、特定作物を栽培することにより、万が一「なにか」があった場合のリスクが高まるというデメリットも存在する。そして、リスクの増加という問題は、農耕革命期にあっては無視できない重要性をもっていた。

いま風のいいかたをすると、彼らが直面していたのは「安全（すなわち低リスク）とインセンティヴのトレードオフ」である。この場合「どちらを選ぶか」が問題となる。世間には、前者を選ぶ人もいれば、後者を選ぶ人もいるだろう。前者は生活の安全や安心を重視し、インセンティヴを犠牲にしてもリスクをアバートする（避ける）リスクアバーターであり、後者は様々なインセンティヴに魅かれ、安全や安心に目をつむってリスクをテイクするリスクテイカーである。ちなみに、いまの世の中だったら、どちらも「あり」である。

しかし、農耕革命の時代は、いまとはおおきく異なる世の中であり、リスクテイカーというライフスタイルを採用することはきわめて困難だった。それでも人びとは農耕牧畜経済を選んだ。農耕牧畜経済に移行した人びとの度胸に驚かされるというのは、つまりはそういうことである。

それにしても、昔の人びとは、なにゆえリスクテイカーになりにくかったのか。彼らといまのぼくらで、一体なにが違うのか。

この点を考えるうえで示唆的なのは、政治学者ジェームズ・スコットが「モラルエコノミー」という用語をもちいて展開した議論である。

スコットは、もともとは一九・二〇世紀転換期における東南アジア農村部、とりわけビルマとベトナムの地域研究（エリアスタディーズ）から出発したが、次第に、同地域における小規模農民（小農）のライフスタイルや意識形態に関心を集中させることになった。それは、彼らの意思決定や行動の様式が、スコットにとって理解しがたいものだったからである。

両地域は一九世紀に英仏によって植民地化されるが、この時期、同地域の主要産業は農業であり、その中核を担っていたのは、自給自足的で生産規模が小さい小農だった。これに対して、宗主国となった英仏両国は、この植民地を、換金性がある商品作物の生産地とすることを考えていた。したがって、宗主国の利害を現地で代弁する植民地政府は、小農が自給自足経済を放棄して商品作物の栽培を始めるよう、さまざまな手段を講じた。

実際、各種税金は金納なので生産物はどうせ換金しなければならなかったし、貨幣換算した平均収入は新しい商品作物のほうが伝統的な自給自足用作物よりも高かったので、植民地政府の利害は小農の利害と一致しているはずだった。

ところが、小農は、商品作物の導入を促進する植民地政府の政策に対して全面的に、そしてさまざまな手段で抵抗した。これは、小農がみずからの利益をちゃんと計算できない非合理的な人間だったからなのか。それとも、なにか別の理由があったのか。

植民地政府、さらには宗主国にとって、これは理解しがたい行動だった。それなりに調査を重ねた結果、彼らは「小農は非合理的である」という結論に達し、そのような存在として小農を取扱い、商品作物栽培を強制する政策を採用した。当然ながらこの政策は小農の不満を呼び、彼らは各地で植民地政府に対する反乱に訴えた。

スコットもまた、当初、小農の意思決定や行動の様式を理解できなかった。しかし、研究者であるからには「非合理的」の一言で片づけることはできない。彼は、小農の意思決定や行動の根底にある論理を理解することに多大の時間を費やし、多年にわたる知的試行錯誤ののち、それを論理的に説明することに成功した。そのキーワードが「モラルエコノミー」である。

小農の意思決定や行動を理解するポイントは、彼らが生存の限界ギリギリで生活している点にある。横軸に時間（年単位）、縦軸に毎年の（自給自足の場合は収穫を売却したと仮定した場合の）収入をとった直交座標を考える。生存するために必要な収入を「生存限界」と呼ぶが、これは、小農の家族規模が変化しないと仮定すると、横軸に平行な直線となる。ここに、自給自足用作物栽培から得られる収入と商品作物栽培から得られる収入の仮想例をモデル化した曲線を書きこんでみよう［図2・5］。

小農の生産行動は規模が小さく、また生産性も高くないので、彼らの収入は生存限界のちょっと上あたりを、毎年変動しながら、また不作の年には生存限界を下回りつつ、低空飛行する。ただし、自給自足にもちいられる植物品種は、長年にわたる改良と選別のなかで自然条件に適応してきたため、収入の変動は大きくない。

これに対して、商品作物は、収入の平均値は自給自作用作物を上回る。ただし、あたらしく導入されることもあり、変動の幅は大きい。また、小農は商品作物を市場で販売して換金するため、収入は価格変動にも影響される。そのうえ、商品作物は現地における消費ではなく宗主国などへの輸出を想定されているので、為替レートや国際市場の動向にまで影響を受ける。

年収入の変動が大きいということは、生存限界以下になる可能性が大きくなることを意味する。図でいうと、自給自足用作物から得られる収入が生存限界を下回るのは七年のうち一回だけである。これだったら、どうにか備蓄でしのぐとか、富裕層から借りるとか、なんらかの方法できりぬけられる可能性が高い。これに対して、商品作物は、平均収入は自給自足用作物より高いものの、変動の大きさを反映して、収入が生存限界を下回ること三回。そのうち二回は連続している。これでは、生存の危機である。

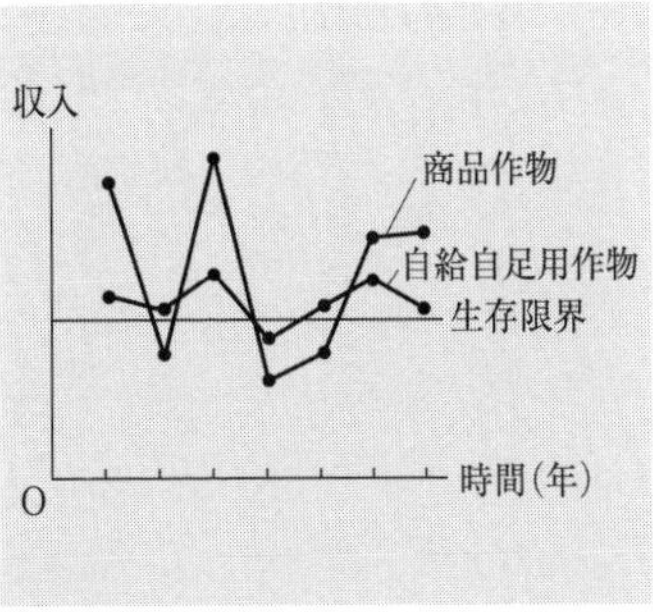

図2・5

人間、生存できなくては元も子もない。したがって、合理的な人間であれば、平均収入が大きいよりも生存危機の可能性が小さいほうを選好するにちがいない――これが、スコットが定式化した小農の意思決定や行動の論理であり、この論理を彼はモラルエコノミーと命名した。小農とて、合理的な存在なのである。

モラルエコノミーが合理的な選択となるのは、生存限界に近いところで生活している人びとの場合である。そして、農耕革命期の人びとは、生存限界に近いところで暮らしていた。これが、彼らがリスクテイカーになりにくかった理由である。また、彼らと、生存限界などとはほど遠い「豊かな時代」に生き、それゆえリスクテイカーという選択肢もとりうるぼくらとの違いも、ここにある。

それでもなお、一部の人びとはリスクをとり、農耕牧畜経済に移行した。農耕革命が「革命」と呼ばれる所以である。

その後

農耕革命を経たのち、人びとは、コモンズの悲劇を解消するようなライフスタイルを採用したのか。これはつまり、主要な産業たる農耕についていえば、集団で定住したうえで、天然資源たる土地を配分して私有化したり、共同利用を制約・監視する村落共同体を結成したりしたか、ということである。

この点を、ユーラシア大陸の西部たる地中海沿岸地域とヨーロッパ、中央ユーラシア、そして東部ユーラシアたる中国について、簡単にみておきたい。

第一に、順序はズレるが、中央ユーラシア。

同地域は、気候が乾燥していて農耕に適さない土地が広がっているため、遊牧が主要な産業となった。そもそも土地の私有化や村落共同体の結成の前提たる定住が実現されなかったわけだ。それでも、紀元前三世紀ごろから、遊牧を経済的な基盤として、匈奴、鮮卑、柔然、突厥、ウイグル、モンゴルといった諸民族が国家を形成し、東西ユーラシアとのあいだで、対立・交流・進出・混合といった複雑な関係を取結ぶことになった。

第二に、中国。

長江流域では、紀元前五〇〇〇年ごろから同二〇〇〇年ごろにかけて、イネの栽培とシカの狩猟を組合せたライフスタイルが確立した。これに対して北方の黄河流域では、紀元前四〇〇〇年ごろから同二〇〇〇年ごろにかけて、ムギの栽培とヒツジの牧畜を組合せたライフスタイルが確立した。農耕牧畜経済はそれまでよりも高い生産性を実現し、富の蓄積を可能にした。蓄積された富は一部の人間に集中し、紀元前二〇〇〇年すぎになると、ここから、蓄財に成功した人間を宗教的・軍事的な指導者とする組織集団、すなわち国家が誕生する。

中国諸国家の特徴は、次の二点である。

まず、主要産業たる農業について、家族単位の経営すなわち「だれも雇わず、だれにも雇われない」規模の生産者を選好し、その創出と維持を政策的に進めたことである。この規模の経営体を「ファミリービジネス」と呼ぶが、農業についていえば、それはまさに小農にほかならない。

もうひとつは、農民にとって重要なコモンズたる、耕地の周囲に広がり、薪炭の採集や家畜の放牧に利用できる土地を国有化する傾向にあったことである。この土地を「共同地（英語でコモンズ!）」と呼ぶが、共同地が国有化されると農民が共同利用できなくなるので、共同地の維持管理を主要な目的とする村落共同体は不要になる。

かくして、国家が割当てた私有地をファミリービジネスとして経営する小農が、村落共同体が不在であるがゆえに、直接国家とむかいあう、という社会経済構造が出来上がった。生産者が私有する土地の存在と村落共同体の不在という状況は、紀元前四世紀ごろから広まってゆく。

第三に、地中海沿岸地域とヨーロッパ。

紀元前二六〇〇年ごろから同四世紀まではギリシアの諸都市国家が、それ以降はローマが、これら地域を支配した。そこでは、農業生産は、奴隷労働にもとづく大規模経営たる荘園が担うことになった。

さらに、ヨーロッパについていうと、ローマが衰退すると、戦争や天候不順などを契機として自給自足化が進んだ。各地で、一定範囲の空間を支配する身分たる「領主」が所有する農地を、移動や職業選択の自由を奪われ、賦役や貢納の義務を負う身分たる「農奴」が耕作する大規模経営（荘園）が誕生し、農業生産の主要な舞台となった。農奴は、村落共同体を結成し、生活を支えた。

かくして、領主の土地を耕作する身分的義務を負う農奴が、村落共同体に支えられながら（国家ではなく）領主とむかいあう、という社会経済構造が出来上がった。生産者が私有する土地の（例外はあるが、基本的には）不在と村落共同体の存在という状況は、一四世紀まで続くことになる。

ユーラシアの各地をみればわかるとおり、コモンズの悲劇の解消を中核とする経済学的な「狩猟採集経済から農耕牧畜経済への移行」モデルは、全面的に史実にあてはまるわけではない。中国における村落共同体の不在にせよ、地中海沿岸からヨーロッパに至る地域における奴隷や農奴の労働にもとづく荘園制度の展開にせよ、そこには国家意思や戦争といった非経済的な要素が関与していた。

「そんなの当たり前だろ」といわれるかもしれないが、モデルを構築し、史実と照合・確認して、はじめて「当たり前」が「当たり前」か否か判断することが可能になるのである。

読書案内

まず本章で引用・言及した文献を紹介すると、ミズン［2015］、ペーボ［2015］、原［2000］、ノース［2013］、スコット［1999］である。

村落共同体については、日本の人文社会科学の領域で重厚な蓄積がある。それは、第二次世界大戦後しばらくのあいだ、戦前の日本社会の特質は村落共同体的な性格の強さにあるという見解が有力だったからである。もっといえば、村落共同体的な性格を脱しなければ、日本社会の刷新は実現されないという実践的なスタンスが、人文社会科学者のあいだで支配的だった。

経済史学の領域にかぎっていえば、彼らの代表的な存在として挙げるべきは、敗戦からほぼ一九六〇年代まで経済史学界をリードした通称「比較経済史学派」の創始者たる大塚久雄である。ちなみに、比較経済史学派の別名は「大塚史学」。イギリスをモデルとした彼の村落共同体論については、とりあえず大塚［2000］を参照。

「モラルエコノミー」という言葉は、そもそもは、イギリスの歴史学者エドワード・トムソンの造語である。彼は、一八世紀イギリスの民衆はしばしば経済学（当時の言葉でポリティカルエコノミー、political economy）の教えるところに反して行動したが、しかし、彼らは論理的に首尾一貫した経済観念をもっていたと考えた。そして、この観念を体系化して提示したうえで、経済学すなわち「ポリティカルエコノミー」に対置して「モラルエコノミー」と呼んだのである（Thompson［1971］）。

スコットの議論に対しては、同じく東南アジアを研究対象とする政治学者サミュエル・ポプキンから全面的な批判が寄せられた（Popkin［1979］）。でも、ぼくとしては、詳細は避けるがスコットに一票（理由……スコットの所説はポプキンの所説を包摂している）。

　中国の経済史については、岡本編［2013］が、現時点において望みうるかぎりの見取り図を提示している。なお、ぼくらが問題にしている生産形態や社会経済構造の地域的な特質の背景には「市場」、「契約」、「所有」といった、経済活動や経済システムにかかわる観念の異同があるが、中国をはじめとするアジアにおけるこれら観念の特徴については、学術書ながらメチャクチャ刺激的で面白い岸本他編［2004］が必読。

第3章　ファミリービジネス

ファミリービジネスの成立

ヨーロッパでは、一四世紀は寒冷期にあたり、不作の年が続いて、農奴など貧しい人びとの生活水準の低下を招いた。さらに、世紀半ばにはペストがアジアからイタリア経由で各地に伝わって世紀末まで流行を繰返し、ほぼ三人に一人の命を奪い、人口を激減させた。ペストは当時「黒死病」と呼ばれたが、この伝染病がもっとも大きな打撃を与えたのが農奴など貧しい人びとだったことはいうまでもない。農奴は、困窮の亢進と生命の危機のなかで、賦役や貢納の負担に耐えかね、荘園を脱走し、あるいは領主に対して反乱をおこした。著名な反乱としては、ジャックリの乱（フランス）やワット・タイラーの乱（イギリス）がある。その一方で、諸国家とりわけ西ヨーロッパの国々では、国王の実権が強化され、領主の力を制約して権力を国王の手元に集中させる中央集権化が進められた。領主と農奴の力関係は、前者の弱体化と後者の数的減少があいまって、後者つまり農奴に有利な方向に変化してゆく。

この変化の帰結が、領主が農奴を自由な小規模農民（小農）として認めるという現象、通称「農奴解放」である。一部の自由を制約され、生まれつき各種の義務を課された身分たる農奴は、農奴解放によって独立を認められ、十全な自由と権利を行使しうる存在となった。経済的な次元に即していえば、彼らはみずからの自由な意思決定にもとづいて農業経営をおこなう小規模生産者、すなわち家族労働だけに依拠し「だれも雇わず、だれにも雇われない」経済アクターの経営者となった。このようなアクターを「ファミリービジネス」と呼ぶ。

目を東方にやると、同様の事態は、すでに紀元前四世紀の中国で生じていた。すなわち、春秋時代（紀元前八世紀〜同五世紀）には、地縁や血縁で結びついた集団が耕地を共有し、共同して耕作をおこなうという形態がみられた。戦国時代（紀元前五世紀末〜同三世紀）になると、鉄製の農具が開発されて普及するが、この技術革新によって農作業の効率化が進むとともに、家族規模で耕作をおこなうことが可能となり、また普及しはじめた。国家の側も、前述したとおり、家族規模の経営を選好し、その創設と維持に努めた。その代表的な例が、秦の宰相・商鞅が実施したといわれる田制改革（紀元前四世紀）である。この改革により、一定規模の耕地が、個々の家族に世襲地として割当てられた。これもまた、アクターとしてのファミリービジネスの確立とみなしうる。

ファミリービジネスは「家族規模経営」とでも訳せるだろうか。今日の日本だと、街角にある古びた商店、ちょっと前まで京浜工業地帯などに軒を連ねていた下請け工場（こうば）、あるいは（ほとんどみなくなったが）数町歩を親子で耕す専業農家などが、大体この範疇にあてはまる。その特徴は、だれも雇わず、またたれにも雇われないこと、すなわち労働市場から切断されていることにある。経済システムの総体についていえば、ファミリービジネスの優勢という事態は、労働市場が不在であるか、少なくとも発達が不十分であることを意味している。

もちろん、このことは、財の市場までもが不在だったことを意味するわけではない。

実際、ユーラシアの西では、すでに古代ギリシアの時代には地中海海上交易や同周辺部陸上交易が活発におこなわれたし、ローマの時代に荘園で奴隷労働にもとづいて生産されたのはオリーブ・ブドウ・穀物をはじめとする商品作物だった。ヨーロッパでは、その後、一時自給自足化の傾向が強まるが、一一世紀ごろ地中海海上交易が復活し、荘園でも交易用商品の生産が増加しはじめる。

東方についていうと、中国では、春秋時代後期から商人の活動が活発化し、戦国時代に入ると財の取引を主要な機能とする都市が各地に誕生した。もっとも中国の諸王朝は一貫して商業と商人に冷たく、しばしば、市場（いちば）取引の規制、鉄や塩の国家専売制度の導入、商人に対する課税の強化、あるいは商人の地位の引下げといった、反商業・商人政策を採用した。

その意味で、中国の政策思想は小農という経営形態を理想視する「小農主義」と特徴づけられるかもしれない。

ファミリービジネスとは、労働市場が存在しない状況で、自己消費用の財と市場で取引される財とを生産するアクター、と定義できる。それでは、ファミリービジネスは、どんな意思決定メカニズムにもとづいて財の生産量を決定するのか。それは、アクターとして安定的なのか。やがて他の経営形態に移行してゆくとすれば、それはいかなる理由にもとづき、いかなるプロセスを辿るのか。これらの点について、極力モデル化を試みながら検討しよう。

消費者行動理論

ファミリービジネスを経営する個人はなにを目標として意思決定をおこなうのか、という点から考えたい。事態を簡単にするために、彼は単身家族であり、彼だけが意思決定と労働を担うと仮定する。

意思決定の目標として最初に思いつくのは、利益を最大化することだろう。前述したとおり、利益は総収入から総費用をひいたものであり、限界収入と限界費用が一致する点で最大となり、均衡する。生産者は、合理的であれば、この均衡点に相当する量の財を生産する。ファミリービジネス経営者とて生産者なのだから、以上のメカニズムにもとづいて意思決定をおこない、利益の最大化を目指すはずであり、そんなことはあらためて考えるまでもない——という気もする。

しかしながら、問題は、彼が「だれも雇わず、だれにも雇われない」という点にある。たとえば、利益を最大化するためには均衡点に相当する時間だけ自分で働かなければならないが、それが一日あたり二三時間だったとしたらどうか。布団と枕が大好きなぼくだったら無条件に「ご遠慮します」だが、そうでなくても、また合理的な人間だったとしても、これでは、利益の最大化は実現できるかもしれないが、すぐに体をこわしてしまうだろうから、どう考えても合理的ではない。ファミリービジネスの場合、合理的な人間にとって第一の目標は、利益の最大化ではない。

それでは、ファミリービジネス経営者の意思決定における目標はなにか。それは、体をこわさない範囲内で利益を最大化することであり、この目標をめざして、みずからがもつ資源を諸活動に配分することである。

彼は、財産・体力・知識・人間関係など多種多様な資源をもっているが、それらを、時間を単位としてひとまとめにし、また一日を単位として考えよう。そうすると、彼が直面するのは、二四時間という資源を、財の生産という活動に充てるか、体力の回復など生産以外の活動を「余暇（レジャー）」と呼ぶとして、この余暇に充てるか、という選択の問題になる。生産時間と余暇時間の組合せとしては複数の選択肢があるが、彼が合理的であれば、そのなかからもっとも満足感の大きいものを選択するはずだし、また選択しなければならない。これが、ファミリービジネス経営者がなすべき意思決定である。

みずからの資源を、複数の行動に対していかに配分すれば、最適な状態が実現できるか。これは「自分の予算の範囲内で、すなわち予算を制約条件として、複数の種類の財をどの程度の量ずつ購入すれば、もっとも満足できる状態つまり最適点が実現できるか」という、経済学における消費者行動理論の中核をなす問題と、じつは同型である。

そんなわけで、生産の問題を考えているはずなのに奇妙に感じられるかもしれないが、ここで消費者行動理論をチェックしておきたい。

まず、財が一種類の場合をもちいて、基本的なポイントを確認する。

問題は、この財をどれぐらいの量だけ購入して消費するかである。消費者は、価格に相当する費用を支払って財を購入し、それを消費することによって（主観的な）満足感を得る。この満足感を効用［Utility：*U*］と呼び、事態を単純化するために、価格を単位として表現できると仮定する。これまた事態を単純化するために、とりあえず予算の制約は考えないことにする。そうすると、消費者にとって最適な状態は、総効用［Total Utility：*TU*］から総費用［*TC*］をひいた残余を余剰（surplus）と呼ぶとすると、余剰が最大になる点で実現される。彼が合理的であれば、この点に相当する量まで財を購入するはずである。

横軸に量［*Q*］、縦軸に価格［*P*］をとった直交座標を考える［**図3・1**］。

費用については、財の価格は市場で決定されると仮定すると、本人にとっては与件となり、したがって一定である。それゆえ総費用曲線は、原点を通り、傾きが価格と等しい直線となる。価格は一定なので、最後の一単位の財の価格である限界費用［MC］は一定で、かつ平均費用［AC］と等しい。限界費用および平均費用は、その財の価格［p］を縦座標とする縦軸上の点［$(0, p)$］で縦軸と交わり、横軸に平行な直線を描く。

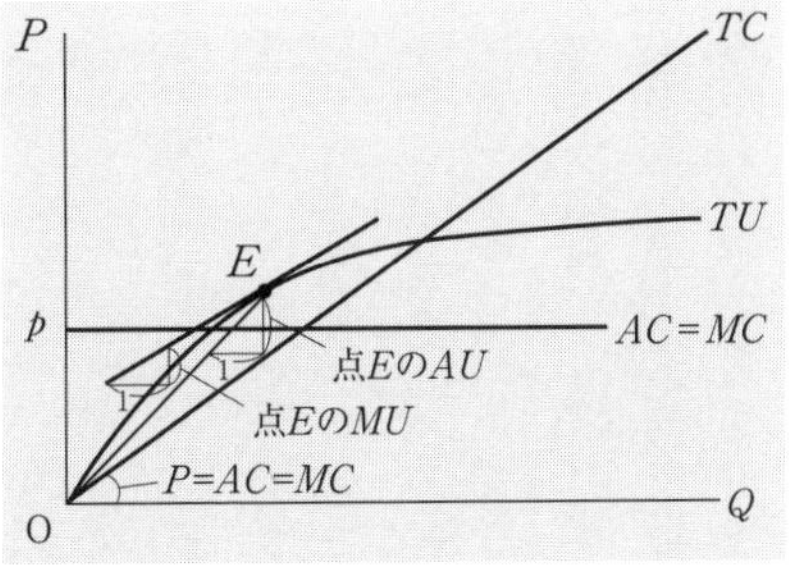

図3・1

効用については、人間、同じ種類の財は、もてばもつほど満足度は増えるが、増えかたはだんだん鈍ってくるものだ。携帯電話について考えると、一つ目は、買うととてもうれしい、二つ目は、私用と公用に使いわけられそうだからうれしい、三つ目は、落としたときに役立ちそうだからそれなりにうれしい、四つ目は、うーむ微妙、という感じ。これは、つまり、最後の一単位の財から得られる満足感すなわち限界効用［Marginal Utility：MU］は逓減するということである。それゆえ総効用は、原点を通り、右上がりで、徐々に傾きが緩やかになる曲線を描く。各点の接線の傾きが、その点における限界効用である。ちなみに、各点と原点を結んだ直線の傾きが、その点における平均効用［Average Utility：AU］である。

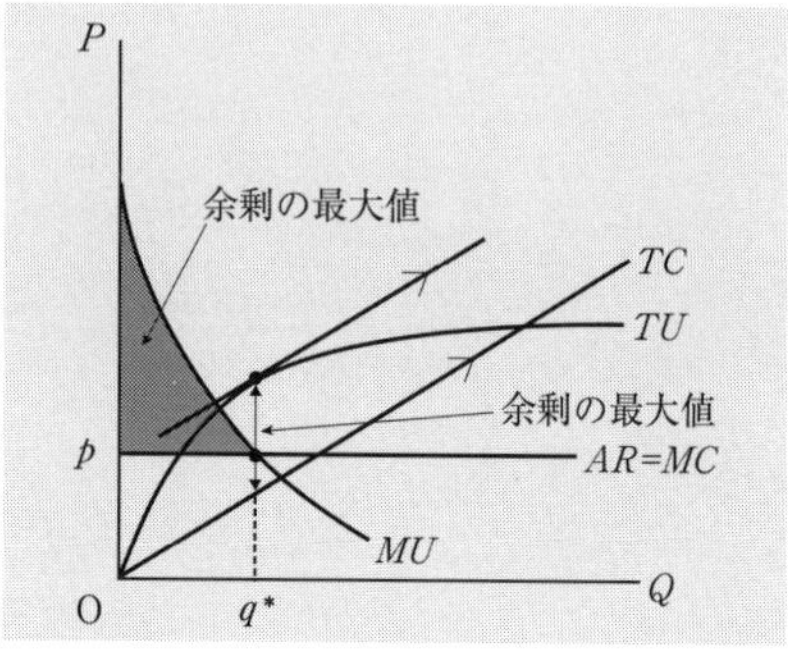

図3・2

総効用曲線は、当初は総費用曲線の上方に位置する。だから、彼はその財を購入しはじめるわけだ。ただし、限界効用は逓減するので、総効用曲線の増えかたは徐々に緩やかになり、やがて平均効用が平均費用と等しくなる（すなわち総効用が総費用と等しくなる）点で交差し、その後は後者の下方に位置する。

それでは、余剰が最大となる点はどこか［図3・2］。

当初、最後の一単位を購入して消費することから得られる限界効用は、それに必要な費用たる限界費用より大きい。それだからこそ、合理的な消費者は財の購入を始めるわけだ。この差の合計が余剰である。購入する財の量を増やしてゆくと、限界効用は逓減する。余剰は、速度を落としつつではあるが、増加を続ける。そして、やがて、限界効用は（一定である）限界費用と等しくなる。その点をこえると、前者は後者を下回りはじめる。下回るということは、当該単位の財から得られる満足が費用を下回るということだから、ここからは、余剰は減少してゆく。

消費者は合理的だから、余剰が減少するような購入行動はとらないだろう。彼にとって最適な点は、余剰が最大となる点、すなわち限界効用が限界費用（イコール平均費用イコール価格）

と等しい点である。彼は、この点に相当する量まで財を購入して消費する。

限界効用は、直交座標上では、右下がりの曲線となる。限界費用は一定すなわち水平な直線となるから、両者はどこかで交差する。この交点で、二つの曲線の差の合計、つまり二つの直線と縦軸で縁取られた図形の面積である余剰は最大となる。したがって、この点が最適点であり、その横座標［q^*］が消費者の購入量となる。なお、限界効用は総効用曲線の接線の傾き、限界費用は総費用曲線（は直線なので、そのもの）の傾きなので、最適点では、総効用曲線の接線は総費用曲線と平行になる。

ちなみに、ここまでは予算の制約がないと仮定して考えてきたが、もしも予算の制約があり、最適な量［q^*］が購入できない場合は、その範囲内で余剰が最大になる点が選ばれることになる。図をみれば容易に想像できるとおり、それは「できるだけ多く購入した」結果として実現される点である。これが、財が一種類の場合、すなわち一財モデルから導出される結論となる。

続・消費者行動理論

ただし、これは、ファミリービジネス経営者の意思決定メカニズムの分析に応用可能なモデルではない。彼の目標は、みずからがもつ資源を、生産と余暇という二つの活動に適切に配分することである。それでは、消費者行動理論における同じかたちのモデルはなにか、といえば、それは「予算の制約のもとで、二種類の財をおのおの何単位購入すれば、自分の効用を最大化できるか」という二財モデルである。

そんなわけで、つぎは消費者行動理論における二財モデルである。

二財モデルを分析する際に用いられるツールといえば、なんたって「無差別曲線」だろう。AとBという二種類の財について、ある量のA財とある量のB財を組合せ、この組合せ全体から得られる効用を考えてみよう。A財の量とB財の量の組合せを〈A、B〉と書くとすると、たとえば〈2、3〉の効用と〈1、4〉の効用は等しいというように、効用が等しくなる組合せ同士がみつかる。このとき〈2、3〉と〈1、4〉は「無差別である（indifferent）」という。そして、同じ大きさの効用が得られる組合せは、この二つ以外にもたくさん、いや無数にあるはずだ。これら無差別な点をすべて結ぶと、一本の曲線が出来上がる。これが無差別曲線である。

縦軸にB財の量、横軸にA財の量をとった直交座標を考える。二財の組合せは、この座標上の点で表せる［図3・3］。効用の大きさをuで表し、uをもたらすA財の量とB財の量の組合せを考え、それらを結んで出来上がる無差別曲線を$I(u)$と表す。ちなみに、このカッコは、無差別曲線が効用の関数であることを表している。

まず、無差別曲線の性質を三つ確認しておこう。

第一に、A財を増やしながら、両財の組合せから得られる効用の大きさを変えないためには、

*B*財を減らさなければならない。*A*財を二単位増やしたから*B*財を三単位減らすというように、*A*財を増やした分を、*B*財を減らすことによってカバーしなければならないわけだ。だから無差別曲線は右下がりになる。*A*財を増やした分と*B*財を減らした分の比率を「代替率」と呼ぶが、無差別曲線の代替率は負になる。

　第二に、財の限界効用は逓減するので、*A*財を増やすごとに減らさなければならない*B*財の量は、*A*財の量が増えるにしたがって（*A*財には飽きてくるし、*B*財を手放すのは惜しくなってくるので）減ってゆく。だから、無差別曲線は右下がりだが、下がり方は徐々に小さくなる。最後に増減する一単位の財にかかわる代替率を「限界代替率」と呼ぶが、無差別曲線の限界代替率（は代替率が負だから負なので、正確にいえば、その絶対値）は逓減する。

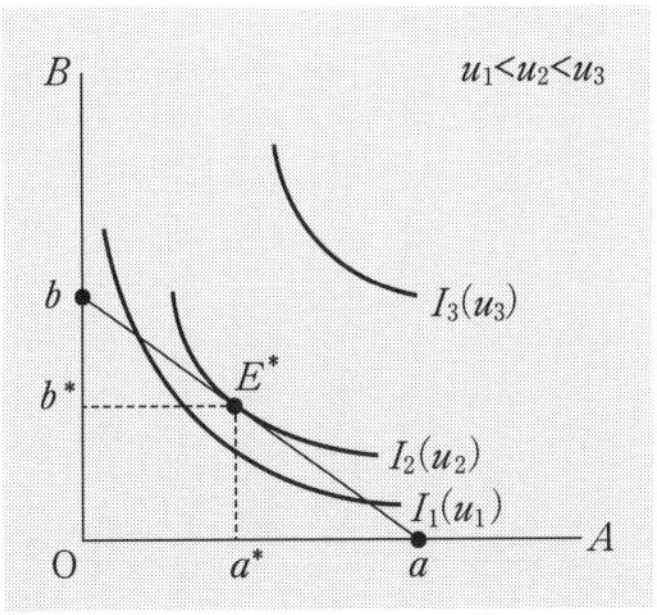

図３・３

　第三に、組合せる財の量が両方とも増えれば効用は大きくなるから、右上の無差別曲線ほど大きな効用を表す。

　それでは、最大の効用をゲットするにはどうすればよいか。無差別曲線の第三の性質を考えると、そのためには、予算上の制約という範囲内で一番右上の無差別曲線を実現すればよい。では、それは、どんな場合か。

　いま、手元の財布には、全額を*A*財の購入に充てたら*a*個、

B財に充てたらb個、購入できるだけの金額が購入資金としてあるとする。この金額は、直交座標上では（a、0）と（0、b）を結んだ直線として表現できる。この線を「予算制約線」と呼ぶ。ぼくらにとって購入可能なのは、縦軸と横軸と予算制約線によって作られた三角形の（辺も含めた）内部の点が表わすA財の量とB財の量の組合せである。

これら点のなかで最大の効用が得られるのはどれか、といえば、それは無差別曲線と予算制約線が接する点［E^*］である。これが、予算制約の範囲内で、もっとも右上の無差別曲線I_2［$I_2=I_2(u_2)$］上にあるからだ。これより左下の無差別曲線I_1［$I_1=I_1(u_1)$］は、予算制約の観点から実現可能だが、得られる効用は小さくなる。これより右上の無差別曲線I_3［$I_3=I_3(u_3)$］は、得られる効用は大きくなるが、予算制約の観点から実現不可能である。

この点［E^*］のA座標をa^*、B座標をb^*とすれば、A財をa^*個とB財をb^*個購入するように購入資金を配分すれば、予算上可能な範囲で最大の効用が得られる。したがって、この点［E^*（a^*, b^*）］が最適であり、そこで得られる効用［u_2］が実現可能な最大値である。

消費者が合理的であれば、こんなメカニズムにもとづいて購入資金の配分に関する意思決定をおこなうべきであり、また、おこなうはずだ。これが、無差別曲線を利用した二財モデルの分析からわかることである。

ちょっと一服したくなるが、これで、ようやくファミリービジネス経営者の意思決定モデルに取組む準備ができた。

主体均衡論

ファミリービジネス経営者の目標は、みずからの効用が最大になるように、二四時間という資源を労働と余暇に配分することである。こう聞くと、なんとなく、無差別曲線を利用した二財モデルの消費者行動理論が応用できそうな感じがしてこないだろうか。

とりあえず思いつくのは、縦軸に労働時間、横軸に余暇時間をとった直交座標を考える、そこに二つの時間を合わせて二四時間という時間制約線を書入れる、労働時間と余暇時間の組合せから得られる効用が等しい点を結んだ無差別曲線を考え、そのうち一番右上にあり、したがって効用が最大となるものの条件を確定する、という手順だろう。これは、二財モデルの消費者行動理論とまったく同じかたちである。

しかし、ぼくらが検討しているのがファミリービジネスの生産者理論であることを考えると、このモデルはあまり面白くない。考慮されている変数が、効用を除けば、時間だけだからだ。生産する財の価格が上昇したらどうなるか、生産を始めるにあたって必要な初期投資の費用はどう考えればよいか、といった生産にかかわるさまざまな問題は、これでは議論できない。また、労働そのものの効用はどう考えればよいか、という問題もある。ぼくなんて、働かなくてよいのであれば働かずに昼寝していたいタイプだ。これって、つまり、労働の効用はマイナスということなのだろうか。うーむ、難しい。そんなわけで、二財モデルの「消費者」行動理論を「生産者」たるファミリービジネス経営者の意思決定に応用するためには、もうちょっと工夫する必要がある。

この課題を果たしたのが「主体均衡論」と呼ばれる理論である。

主体均衡論のポイントは、労働に配分する時間を、その労働が生産する財の量、さらにはその財を販売することから得られる収入に換算し、そのうえで、余暇と収入の組合せから得られる効用の大きさを最大にするにはどうすればよいかを考える、という点にある。労働は、それが収入を生むからこそ、時間という資源を配分する意味があるのだ。そして、これにより、二財モデルを、消費者行動を分析するツールから生産者行動を分析するツールに変身させることが可能になる。

具体的にみてみよう。

まず、労働に配分する時間を、ファミリービジネス経営者が得る収入に換算しなければならない［**図3・4**］。収入が労働時間によって決定されるように、すなわち収入が労働時間の関数をなすようにモデルを構築し、そのうえで収入曲線を描く、ということである。

縦軸に価格［P］、横軸に一日あたり労働時間［T］をとった直交座標を考える。なお、労働時間の最大値は、理論上は二四である。財の生産には、必要な道具を買うことから生じる初期投資など固定費用が必要だが、その費用は一定［C］とする。ファミリービジネスでは生産する財は自家消費または販売にもちいられるが、事態を単純化するために、自家消費分はこの初期投資にくりこむ。こういった手続をとると、販売用の財の生産量、したがってそれらを販売することから得られる収入［R］は、労働時間の関数［$R=R(T)$］とみなせるようになる。

収入曲線は（0、$-C$）からスタートする。労働時間が長くなるにしたがって生産量は増加し、総収入は増加する。つまり収入曲線は右上がりである。ただし、労働時間が長くなると、だんだん疲れたり飽きたりして生産の効率が落ちてゆくので、生産量、さらには収入の増えかたは鈍ってゆく。件の「限界収入逓減」の法則が、ここでも機能する。それゆえ収入曲線は、右上がりだが、ただし傾きは徐々に小さくなってゆく。これで収入曲線が描けた。

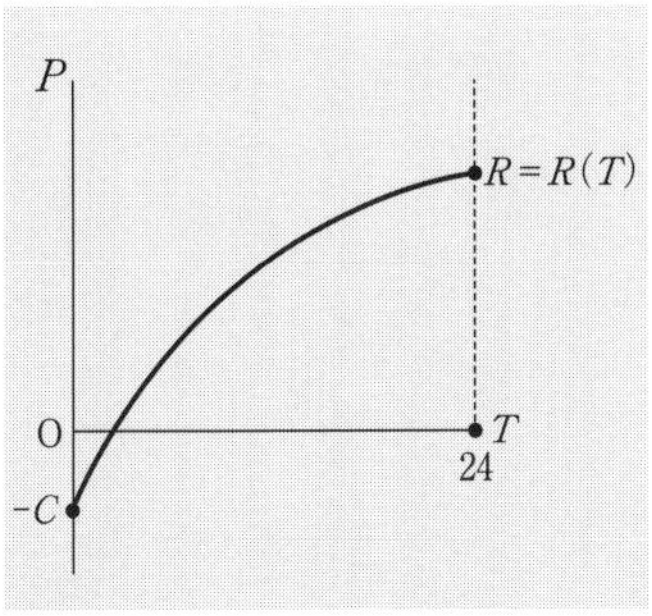

図3・4

つぎに、自分がもつ資源である時間を労働と余暇のあいだで配分するという営為を、この直交座標上で表現しなければならない［**図3・5**］。

労働時間［t］は収入［$R(t)$］に換算でき、また余暇時間は二四時間から労働時間を引いたもの［$(24-t)$］だから、労働と余暇のあいだで時間を配分するというのは、収入［$R(t)$］と余暇時間［$(24-t)$］の組合せを考え、そのうちからひとつを採用するという営為にほかならない。

それでは、座標上でこの組合せを表現するためには、どうすればよいか。余暇時間は二四時間から労働時間をひいた残差だったことを思いだそう。ぼくらの眼前にある横軸は労働

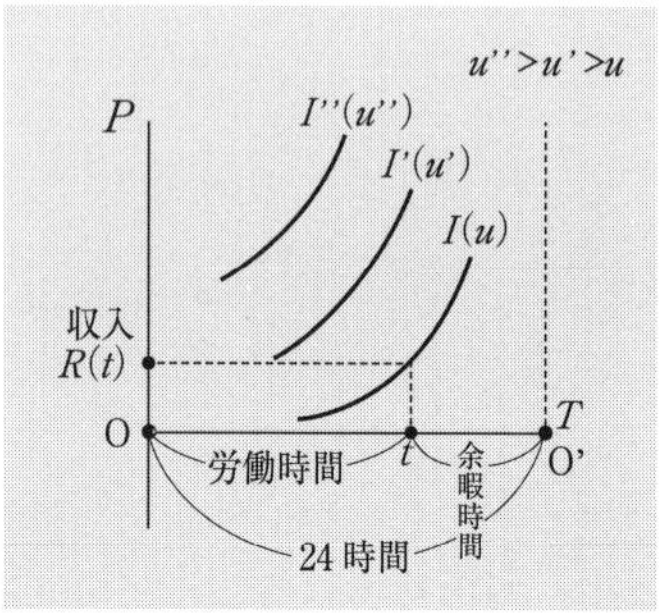

図3・5

時間だから、（24、0）をO′（オー・ダッシュ）とし、O′から左にみてゆくと、余暇に充てられる一日あたりの時間がわかる。縦軸は労働から得られる収入だから、これはつまり、原点を右下に移動し、左右を逆にして考えればよい、ということだ。

収入と余暇の組合せから得られる効用［u］を考える。ひとつの大きさの効用をもたらす組合せは無数にあるので、それを結ぶと一本の曲線、すなわち無差別曲線［I］が描ける。効用の大きさが決まると無差別曲線が決まるので、無差別曲線は効用の関数［$I=I(u)$］である。ただし、原点は右下の点O′に移動しているので、無差別曲線［I］は、左下がりである、下がりかたは徐々に緩やかになる、左上のものほど大きな効用をもたらす、という特徴をもっている（ここがポイント！　よろしく）。

混乱する可能性がある（というか、ぼくもしばらく混乱した経験がある）ので、再度まとめておこう。縦軸に価格［P］、横軸に一日あたり労働時間［T］をとった直交座標を考える。座標上の点（t、R）は、労働時間と、その時間労働したことから得られる収入を表す。ただし、この点の横座標［t］は、間接的に、二四時間から労働時間をひいた残りである余暇時間［$(24-t)$］を表現している。つまり、座標上の点は余暇時間と収入を間接的に表しているとみなせる。したがって、座標上で点の位置が決まれば、その点が表す余暇と収入の組合せから得られる効用の大きさが確定できる。

ファミリービジネスにおける意思決定

主体均衡論においては、無差別曲線は、左上のものほど大きな効用に対応している。だから、ファミリービジネス経営者は、なるべく左上の無差別曲線を構成する点を選択したいはずだし、選択するべきだし、また、選択するはずだ。これが彼の意思決定メカニズムの基本である。ただし、彼には、ファミリービジネス経営者特有の制約がある。すなわち、だれも雇わず、だれにも雇われないので、彼が投入できる資源は（話を単純にするため家族の労働は考えないと仮定しているので）時間に換算して最大で二四時間、という制約である。生産する財に対する需要が増大し、もっと生産して供給すればもっと総収入が増え、ひいては効用が増えるにちがいない、という状況になったとしても、一日二四時間以上働くことは理論的に、そして、そもそも物理的に不可能である。これは、ちょうど消費者行動理論における「予算制約」に対応するので、ここでは「資源制約」と呼ぶ。

ファミリービジネス経営者が解かなければならない問題は「資源制約のもとで、収入と余暇から得られるみずからの効用を最大化する」というものになる。

それでは、彼は、いかなる意思決定メカニズムによって、この問題を解くのか［図3・6］。

ファミリービジネス経営者の資源制約は労働時間の制限として現出するが、労働時間は収入に換算できるので、図上では、資源制約は収入曲線で表現できる。彼は、この曲線上で、余暇と収入の組合せから得られる効用を最大化しようとする。

それでは、効用を最大化する点はどこか、というと、それは収入曲線が無差別曲線 I_2 ［$I_2=I_2(u_2)$］と接する点［E^*

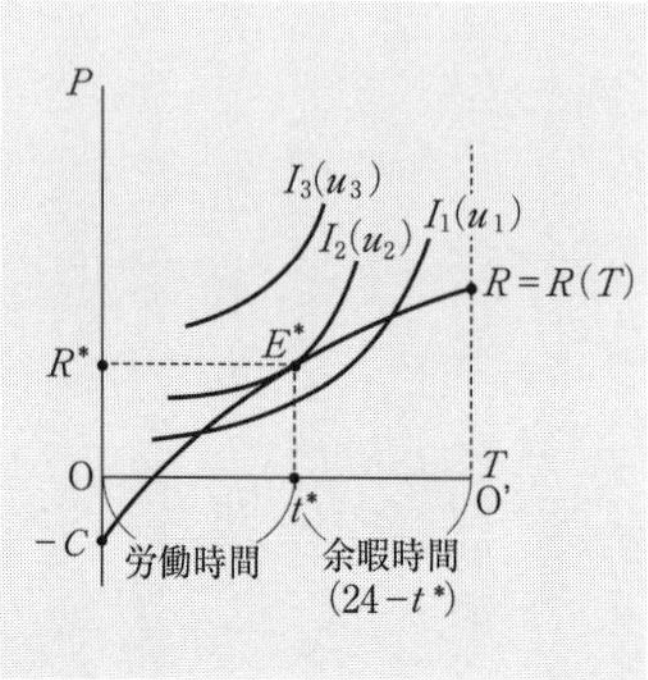

図3・6

(t^*, R^*)］である。この点［E^*］において、効用は実現可能な最大値［u_2］をとる。資源制約の範囲内で、もっとも左上の無差別曲線上にあるからだ。これより左下の無差別曲線 I_1 ［$I_1=I_1(u_1)$］は、資源制約の観点から実現可能だが、得られる効用は小さくなるから、好ましくない。他方で、これより左上の無差別曲線 I_3 ［$I_3=I_3(u_3)$］は、得られる効用は大きくなるが、資源制約の観点から実現不可能だから、ありえない。

　このファミリービジネス経営者は、t^*時間働いてR^*だけ収入をゲットし、$(24-t^*)$時間を余暇に費やすと、効用が最大になる。したがって、彼が合理的であれば「t^*時間を労働に、残りを余暇に、おのおの配分する」という意思決定をするはずであり、彼の行動はここで均衡に達する。ちなみに、自分の行動を均衡させるので、この点で実現される均衡を「主体均衡」と呼ぶ。このモデルをもちいる理論を「主体均衡論」と呼ぶのは、ここから来ている。

それでは、主体均衡論にもとづくファミリービジネス経営者の意思決定モデルには、どんな特徴があるのか。ここでは、例として、生産して供給する財の価格の変化に対してどう反応するかという問題を考えてみたい［**図3・7**］。

まず、価格が上昇した場合だが、価格が上昇するということは、同じ時間だけ労働しても収入が増えるということを意味する。図でいうと、収入曲線［R］は、一定の比率すなわち価格上昇率を保ちつつ上方［R_1］にシフトする。これにともない、均衡点も移動する。どこに移動するかというと、収入曲線と無差別曲線が接する点で実現可能な効用が最大になる、という事情はかわらないので、新しい収入曲線［R_1］が無差別曲線［I_1］と接する点［$E_1^*(t_1^*, R_1^*)$］である。この点［E_1^*］の横座標［t_1^*］は、元の均衡点［E^*］の横座標［t^*］と比べると、左側に位置している。

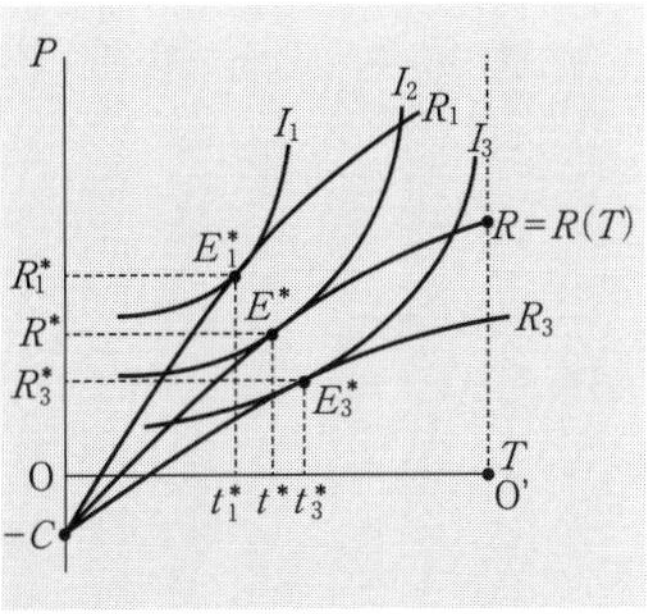

図3・7

つまり、財の価格が上昇すると、ファミリービジネス経営者は労働時間を減らし、したがって財の生産量を減少させるという行動に出る。

次に、価格が低下した場合だが、その場合、同じ時間だけ

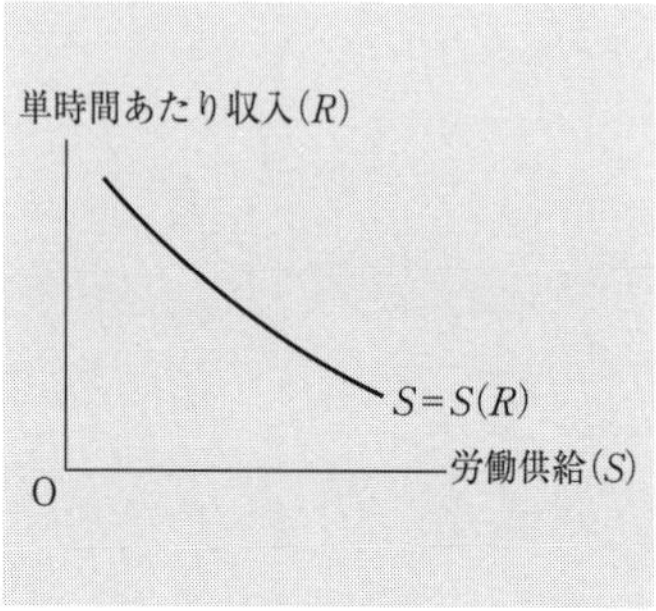

図3・8

労働していると収入は減少してしまう。図でいうと、収入曲線［R］は、価格低下率という一定の比率を保ちつつ下方［R_3］にシフトする。これにともない、均衡点も、新しい収入曲線［R_3］が無差別曲線［I_3］と接する点［$E_3^*(t_3^*, R_3^*)$］に移動する。この点［E_3^*］の横座標［t_3^*］は、元の均衡点［E^*］の横座標［t^*］と比べると、右側に位置している。

つまり、財の価格が低下すると、彼は労働時間を増やし、したがって財の生産量を増加させるという行動に出る。

まとめると、ファミリービジネス経営者は、値段が上がったらむりせず休み、値段が下がったら（生活がかかっているから）働く時間を増やしてカバーする。もうすこし経済学っぽくいうと、一日あたりの生産量は単位時間あたり収入に換算でき、また一日あたり労働時間は労働供給と呼べるから、縦軸に単位時間あたり収入、横軸に労働供給をとった直交座標を考えると、単位時間あたり収入が増えると、労働供給は減る。すなわち、労働供給曲線は右下がりとなる［**図3・8**］。

こんな彼の行動パターンに対しては、人によっては、価格上昇というビジネスチャンスをみすみす逃すわけだから、合理的じゃないという判断を下すかもしれない。しかし、彼の意思決定メカニズムをモデル化してみればわかるとおり、この判断は正しくない。彼の行動は、可能な範囲内で効用を最大化する主体均衡を目指してなされる、その意味では完全に合理的な意思決定の産物である。

主体均衡論は、ファミリービジネス経営者もまた合理的に考えて行動するアクターであるということを教えてくれる。

低賃金の経済か、高賃金の経済か

それでは、実際に存在したファミリービジネス経営者は、本当に主体均衡をめざして行動していたのか。この問いに直接かつ根拠を明示しながら答えることは、なかなか難しい。なにをめざし、どんな判断のもとに生産活動を進めていたかについて書かれた日記や回想録といったものが残っていれば、それを分析することにより、かなり確実なことがわかるかもしれない。しかし家族規模の経営者なんて、はっきりいえば庶民に毛が生えたようなものであり、こういった社会階層の手記が残存していることは、どの地においても、存在はするかもしれないが、きわめて稀である。

それゆえ、ここでは間接的な検討にとどまらざるをえないが、ひとつ興味深い事例を挙げておきたい。それは、一八世紀のイギリスにおいて「低賃金の経済か、高賃金の経済か」という争点をめぐって展開された論争である。

同世紀前半まで、職人や小農など生産を担う人びとは、収入が増えると働かなくなるとみなされていた。したがって、財の生産を増やさなければならない場合、なすべきは、なんらかの手段をもちいて彼らの単位時間あたり収入を下げることである。そうすれば、彼らは、やむをえず労働時間を増やし、これまで以上の量の財を生産するはずだからだ。

この経済思想は、当時の評論家や政策担当者の多数に共有されていたが、今日では「低賃金の経済論」と呼ばれている。同論によれば、生産者は、生産する財の価格が上昇し、あるいは賃金が上昇して単位時間あたり収入が増加すると、労働時間を減らし、その分を余暇に充当する。この場合、労働供給曲線は、主体均衡論が教えるファミリービジネス経営者の場合と同じく、右下がりとなる。

これに対して、世紀後半になると、まったく逆の経済思想が登場する。その代表的な存在が、のちに「経済学の父」とみなされることになるアダム・スミスである。彼は、かの『諸国民の富』のなかで「労働の豊かな報酬」は「庶民の勤勉を増進させる」と断言した。さらにスミスは、彼らは収入水準が上がると働きすぎて健康を損なう危険があるので、なんらかの方策をもちいて過剰労働を制限することが必要であると主張するまでに至る。

スミスのような経済思想を「高賃金の経済論」と呼ぶ。同論によれば、生産者は、生産する財の価格が上昇し、あるいは賃金が上昇して単位時間あたり収入が増えると、労働時間を延長するなど熱心に働き、そのぶん余暇を減らす。したがって、労働供給曲線は、ファミリービジネス経営者の場合と逆に、右上がりとなる。

その後、高賃金の経済論にとってかわり、評論家や政策担当者の人口に膾炙してゆく。一八世紀のイギリスは、経済思想における労働観が、低賃金の経済論から高賃金の経済論に移行する時期にあたっていた。

一八世紀中葉まで低賃金の経済論が優越していたという史実からは、一四世紀の農奴解放を契機としてヨーロッパで大量に登場することになったファミリービジネス経営者は、イギリスを中心として、一八世紀前半まで、生産者の実態や意識の次元において支配的な位置にあったことが推測できる。生産する財の価格が上がり、あるいは賃金が上がって、単位時間あたりの収入が増えるという事態が生じた場合、人びとは働く時間を減らすことを選んだ。収入の合計が一定の金額や水準に達するまで働き、あとは休んだり遊んだりすることを選んだ、と換言できるかもしれない。

その後、ある時点において、なんらかの変化が生じ、ファミリービジネスの優位が崩れはじめた。人びとは、単位時間あたり収入が増えるという事態に直面した場合、それをビジネスチャンスと捉え、もっと働いてもっと稼ぐことを選ぶようになった。そのことが、評論家や政策担当者における労働観の転換をもたらした。低賃金の経済論から高賃金の経済論への移行は、そんな事態を示唆している。

ファミリービジネスの優位の消滅という現象は、イギリスのみならず、ヨーロッパ内部の他の地域、さらにはヨーロッパ以外の諸地域にも、程度の差こそあれ、出現し、広まった。例として中国をみると、戦国時代に農業の領域で確立したファミリービジネスは、はやくも紀元前二世紀には、小農の両極分解と階層分化、そして土地を失った小農が農業労働者として大規模農民のもとで働く生産形態の登場と普及という事態のなかで、その優位を失ってゆくことになる。

読書案内

本文で引用したスミスの文章は、スミス〔1969〕上巻一八三頁にある。

消費者行動理論は、生産者行動理論と同じく、ミクロ経済学の中核をなしているので、ミクロ経済学の教科書を読んで勉強することが理解の早道。

主体均衡論は、今日の開発経済学の主流をなす開発ミクロ経済学における重要な分析ツールである。開発ミクロ経済学の教科書のうち、主体均衡論をもっともわかりやすく説明しているのは、ぼくが知るかぎり黒崎他〔2003〕第三章。なお、そこでは、主体均衡にもとづく生産者行動モデルは「ハウスホールド・モデル」と呼ばれている。

ちなみに、開発経済学については、ある程度の知識を得ておきたい。過去の経済発展を分析する学問領域が経済史学であり、現在および未来の経済発展を分析する学問領域が開発経済学である、という感じで、両者は密接な関係にあるからだ。開発経済学については、先に挙げた黒崎他［2003］をはじめ、すぐれた教科書が日本語で読めるので、そこから始めるのが王道。なお、開発経済学は第二次世界大戦後に誕生した比較的若い学問領域だが、その歴史については絵所［1997］や峯［1999］がすぐれた見取り図を提示しており、必読。

一八世紀前半イギリスにおける低賃金の経済論の例としては、マンデヴィル［1985］がある。このほか、「重商主義」と呼ばれる当時主流をなした経済政策思想は、基本的に低賃金の経済論に立脚しているといってよい。

第4章　資本主義

資本主義の成立

だれも雇わず、だれにも雇われない経営形態たるファミリービジネスの経営者は、生産する財の価格が上昇すると、生産に充てる時間を減らす。この行動は、今日のぼくらの目からすると非合理的にもみえるが、当の経営者にとっては合理的な意思決定の結果だった。そうだとすると、彼らの生産活動は、財の価格が上昇（低下）すれば生産量を減少（増加）させるというメカニズムにもとづいて均衡点に至り、そこで安定するはずである。

ところが、ファミリービジネスが普及してしばらくたつと、その経営者の内外から、これとまったく異なる意思決定メカニズムにもとづいて経済活動をおこない、その結果として別の生産形態を採用するようになる人びとが登場し、増えるようになった。彼らの登場がある程度の人数として感知されるのは、たとえば、ヨーロッパでは一六世紀、中国では紀元前二世紀である。これは、ファミリービジネスが大量現象として確立してから、ほんの二世紀後にあたる。ファミリービジネスが優越する時代は、けっして長くなかった。

それでは、新しい意思決定は、いかなる特徴をもち、そして、いかなる生産形態をもたらしたのか。ファミリービジネスの意思決定は合理的なメカニズムだったはずなのに、それを放棄するという選択はいかなる理由にもとづいていたのか。

新しい意思決定の特徴は、高賃金の経済論に沿っている点にある。すなわち、あらたに登場した人びとは、生産する財の価格が上昇し、収入が増加する可能性が生まれると、労働時間を増やし、財の供給量を増やすという行動様式を採用した。この場合、縦軸に価格、横軸に量をとった直交座標を考え、その上に収入と労働供給の関係を表現する労働供給曲線を描くと、同曲線は右上がりとなる。

ファミリービジネスの労働供給曲線は、主体均衡論がモデル化したとおり、右下がりだったことを思いだそう。それは、低賃金の経済論に沿っていた。

ここに現出するのは、低賃金の経済論から高賃金の経済論への移行という現象である。これは、じつに大きな変化といってよい。

周囲の人びとが低賃金の経済論に沿って行動するなかで高賃金の経済論を採用することは、

巨大なビジネスチャンスを意味した。なんらかの理由で生産する財の価格が上昇したとき、多くのファミリービジネス経営者は労働時間を短縮し、生産量を減らすことで、事態に対応した。これに対して、新しい行動様式をとる人びとは、労働供給の増加すなわち労働時間の延長を選択し、生産して供給する財の量を増やすことで対応した。財の価格の上昇と供給量の増加が相ともなうわけだから、彼らの利益は飛躍的に増加するにちがいない。

ただし、彼らの生産行動には物理的な限界があった。労働供給の主体が自分（正確には家族メンバー）しかいないので、どんなに労働時間を増やしたいと思っても「二四時間×労働可能な家族の人数」以上にはできないという事実である。

この限界を克服するには、どうすればよいか。答えは一択、「他者を雇う」。他者に賃金を払って雇用し、労働させれば、いくらでも財の需要の増加に対応できる。さらにいえば、いずれ、自分は生産労働そのものに携わらなくてもよくなるだろう。働く人々の雇用や、生産設備の設置に必要な資金を出し、あとはマネジメントに専念すればよい、というわけだ。これは、ファミリービジネスという生産形態の放棄、すなわち新しい生産形態の採用を意味する。

こうして、土地・資金・資源など生産に必要ななんらかの財たる「生産手段」あるいは「資本」をもつ人びとである「資本家（capitalist）」が、生産手段をもたない人びとである「賃金労働者（wage laborer）」に生産労働を委託し、対価たる「賃金」を支払ったうえで、みずからは資金提供とマネジメントに特化するという、二種類のアクターからなる生産形態、すなわち

「資本主義（capitalism）」が出現する。

資本家にとって、賃金労働者をみつけることは、さほど難しい課題ではなかった。高賃金の経済論を受容する経営者が登場してビジネスチャンスに対応し、そこから得られる利益をいわば独占するようになると、低賃金の経済論にもとづいて行動する他の経営者はビジネスチャンスをのがし、多くは没落してゆく。没落する人びとは生産用の機具など経営資源を売却して生活費に充て、やがては他者すなわち資本家に雇用され、賃金によって生活せざるをえなくなる。資本家と賃金労働者は、その多くは、ファミリービジネス経営者が両極分解するなかから出現したのである。

このように述べると「ビジネスチャンスがあったら飛びつくのが合理的な反応だろう。飛びつかずに賃金労働者になった人びとは、いったいなにを考えていたのか」という疑問が生じるかもしれない。しかし、これは、設問として正しくない。ファミリービジネス経営者にとっては、財の価格上昇というビジネスチャンスには飛びつかないことが合理的な選択だったからだ。したがって、ぼくらが考えなければならない設問は「一部のファミリービジネス経営者は、どんな動機や理由にもとづいて、ビジネスチャンスに飛びつくという非合理的な選択をおこなうようになったのか」である。

この問題については、これまで、とりわけ一四世紀の農奴解放から一八世紀の高賃金の経済学の優越に至る時期のヨーロッパに即して議論がなされてきた。それは、ここで登場したヨーロッパの資本家たちが、近年まで至る同地域の経済的・政治的・技術的・文化的な優越を準備したとみなされてきたからである。

残念ながら、現時点においても、通説的な答えの位置を占めるものは存在しない。その意味で「ヨーロッパにおける資本家の誕生の契機はなにか」という問いは、いまだ疑問のまま、ぼくらの眼前に開かれている。

もちろん、回答の試みがなされてこなかったわけではない。賛否両論と論争をよんだ所説の例としては、社会学者マックス・ヴェーバーのものがある。彼は、資本家の特質を「勤勉」に見出し、彼らの行動規範を「資本主義の精神」と呼んだうえで、「資本主義の精神」を受容した資本家がいちはやく登場したのが、オランダ、イギリス、一部ドイツ諸邦など、プロテスタンティズムが強力な地域だったことに着目する。そして、プロテスタンティズムを信仰する人びとが勤勉に働いて資本家となったと考え、同派の教義のなかに「資本主義の精神」の原型を探求してゆく。

ヴェーバーの所説は、二〇世紀初頭に発表され、ただちに激しい論争を惹起した。さらに、第二次世界大戦後には日本にひろく導入され、経済史学界、さらには学術界や読書界に受容されるとともに、ここでもまた論争の的となった。

彼の所説の当否については、ここは問うところではない。ぼくらにとって示唆的なのは、彼が「宗教」という非経済的な要因を導入して説明を試みたことである。

たしかに、低賃金の経済論にもとづくファミリービジネス経営者の行動様式が、高賃金の経済論あるいは「資本主義の精神」にもとづく資本家の行動様式に変化する原因、理由、あるいはメカニズムというのは、経済学をもちいて経済の次元で説明できるような単純な代物ではないのかもしれない。ちょっと考えてみれば、それも当然だろう。人間の歴史をすべて経済史すなわち経済の歴史に還元するなんて、そんなことはできるはずもないのだから。

労働市場のメカニズム

生産形態の次元でみた場合、資本主義が成立したという事態の最大の意義は、ひとつには、それが労働市場の成立をもたらしたことにある。逆にいえば、労働市場が存在しなければ、資本主義は存続しえない。資本家が賃金労働者を雇用することから、すべてが始まるからである。それでは、労働市場では、労働の供給者たる賃金労働者と、労働の需要者たる資本家は、いかに行動するのか。おのおの個人の次元と集団の次元にわけて考え、労働市場のメカニズムに接近してみよう。

まず賃金労働者だが、生産手段を失った彼らにとって、いまや生計を支えるのは唯一、賃金だけである。したがって、個人の次元で考えた場合、賃金（正確には単位時間あたり賃金）が上昇すれば、彼らはより長い時間働いてもよいと考えるだろう。彼らもまた高賃金の経済論が妥当する存在とみなしてよい。もっとも、低賃金の経済論があてはまる者もいるかもしれないし、賃金が一定以上になったら働かなくなる者もいるかもしれない。これに対して集団の次元で考えた場合、ある財の生産分野で賃金が上昇すれば、他の分野で働いていた賃金労働者や、場合によってはファミリービジネス経営者が、その分野に賃金労働者として参入してくる。まとめると、すくなくとも集団の次元では、賃金が上昇すれば労働供給は増加する。

逆もまた真であり、賃金が低下すれば、賃金労働者は労働時間を減らし、その分、他の分野で内職に勤しんだり他の地域に出稼ぎに行ったりするだろう。場合によっては、その分野から撤退して他の分野に流出するかもしれない。したがって、集団の次元では、賃金が低下すれば労働供給は減少する。

つぎに資本家だが、資金供給とマネジメントに特化した彼らにとって、賃金労働者に支払うべき賃金は、端的にいって（今日の日本でも、英語のままで人口に膾炙している）コスト、すなわち費用にほかならない。したがって、個人の次元で考えた場合、賃金労働者がストライキに訴えたなど、なんらかの事情で賃金を上げなければならなくなった場合、それは費用の増加を意味するから、彼らは財の生産を減らし、なんとかして収支のつじつまを合わせようとするだろう。集団の次元で考えた場合、ある財の生産分野で賃金が上昇した場合、生産性が高い経営を営む資本家であれば、なんとかしてこの費用増を吸収し、その財の生産を続けることが可能である（もちろん撤退するかもしれない）。これに対して、生産性が低い経営を営む資本家は、賃金の増加分すなわち増加した費用を吸収できず、その分野から撤退せざるをえない。個人の次元でも集団の次元でも、賃金が上昇すれば労働需要は減少する。

逆もまた真であり、賃金が低下すれば、資本家は、この費用の減少を最大限に利用するべく、賃金労働者の雇用を増やすだろう。集団の次元で考えた場合、賃金が低下すれば、さほど生産性が高くない資本家も、どうにか財の生産を続けられるだろう。個人の次元でも集団の次元でも、賃金が低下すれば労働需要は増加する。

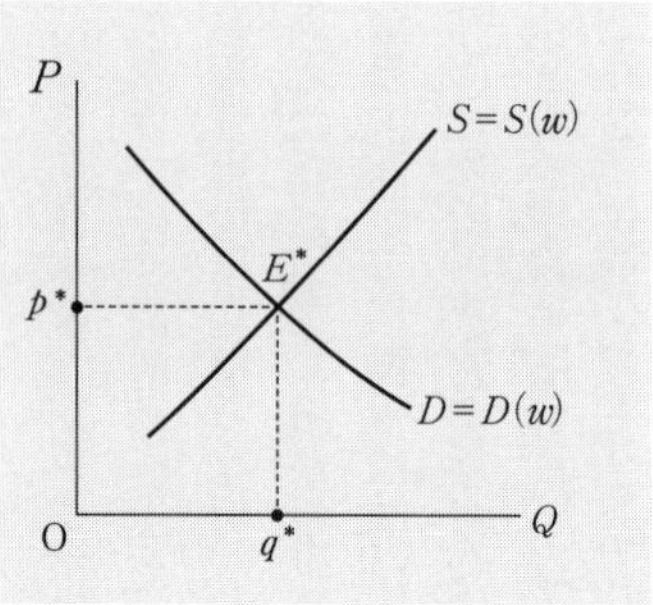

図4・1

ここで労働市場のメカニズムをモデル化してみると、どうなるか。例によって図を使って考えてみよう［**図4・1**］。

労働の価格は賃金［Wage：*w*］であり、労働もまた一種の財と考えてよいから、縦軸に財の価格［*P*］、横軸に財の量［*Q*］をとった直交座標を考える。賃金労働者の行動によって決定される労働供給［Supply：*S*］の量は、賃金が上昇すれば増加し、低下すれば減少する。したがって、労働供給は賃金の関数であり、右上がりの曲線を描く。資本家の行動によって決定される労働需要［Demand：*D*］の量は、賃金が上昇すれば減少し、低下すれば増加する。したがって、労働需要もまた賃金の関数であり、ただし右下がりの曲線を描く。

二つの曲線は、一方は傾きが正、他方は負だから、基本的には、座標上のどこか一点で交差する。この点［E^*］で労働需要と労働供給は一致し、その横座標［q^*］で表現される量（一人あたり労働時間×賃金労働者の人数）だけの労働量について、縦座標［p^*］で表現される賃金で、雇用契約が成立する。この点において、労働市場は均衡する。

いま、資本家や賃金労働者の勘違いといった理由で、賃金が均衡賃金［p^*］を上回る金額［p_1］に上昇したとしよう［**図4・2**］。その賃金だと、労働供給［s_1］が労働需要［d_1］を上回るので、超過供給、つまり「働きたいが、働きたいだけ働けない賃金労働者」が生じる。彼らは、もう少し賃金が低くてもよいからもっと働きたいと考えるので、賃金は下がりはじめ、もと［p^*］に戻る。それと同時に超過供給は解消する。

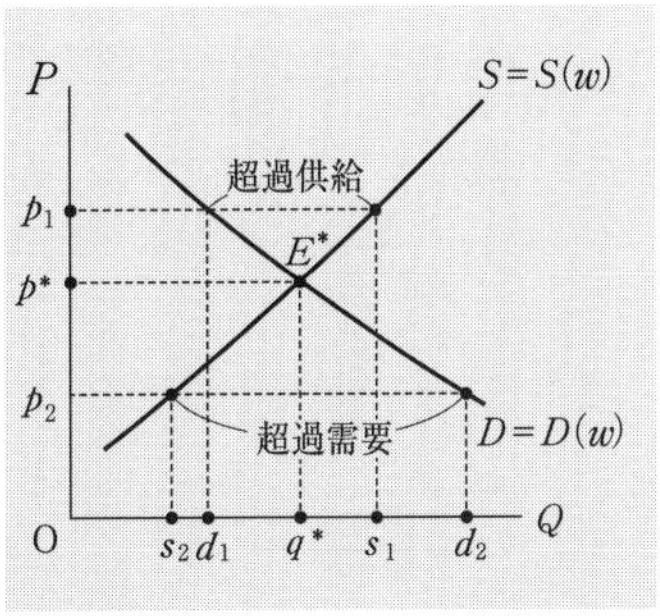

図4・2

逆に、なんらかの理由で賃金が均衡賃金を下回る金額［p_2］に低下したとしよう。その賃金だと、労働需要［d_2］が労働供給［s_2］を上回るので、超過需要、つまり「雇いたいが、雇いたいだけ雇用できない資本家」が生じる。彼らは、もう少し賃金が高くてもよいからもっと雇用したいと考えるので、賃金は上がりはじめ、もと［p^*］に戻る。それと同時に超過需要は解消する。

賃金つまり価格が変化することによって需要と供給が調整

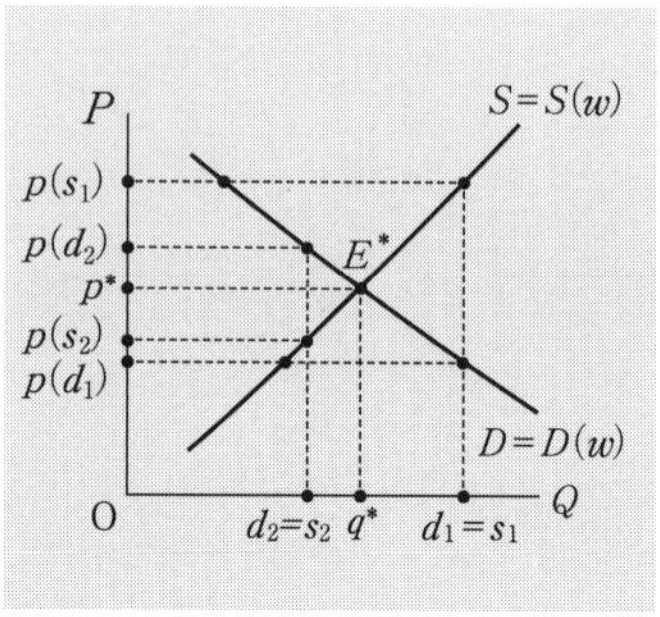

図４・３

され、均衡点が実現されるメカニズムを「価格調整」と呼ぶ。

均衡点が実現されるメカニズムには、もうひとつ別のものがある［図４・３］。いま、資本家が、かなりの労働量［d_1］を必要とする財を生産することをめざし、工場など設備を整えたとしよう。ところが、この労働量だと、労働供給側である賃金労働者はかなり高い賃金［$p(s_1)$］を要求するが、資本家はそれほど高くない賃金［$p(d_1)$］しか払えないので、このままだと、労働契約の交渉は決裂必至。これでは困るので、資本家は、労働者が要求する賃金と自分が支払える賃金を一致させるべく、財の生産量を減らしてゆく。

逆に、資本家が考えている財の生産量があまり多くない労働量［d_2］で十分な程度だと、賃金労働者が要求する賃金［$p(s_2)$］は資本家が支払ってもよい賃金［$p(d_2)$］を下回るので、資本家は生産設備を強化し、財の生産量を増やしてゆく。どちらの場合も、労働需要と労働供給はもとの賃金［p^*］となる点で均衡する。

このメカニズムでは、財の生産量、したがって労働需要と労働供給が調整されることによって、均衡点が実現される。これを「数量調整」と呼ぶ。数量調整は、生産設備の増減をともなうため、価格調整と比して時間がかかるという特徴をもつ。

まとめると、労働市場は、需要と供給が一致し、アクター全員が満足できるという意味で最適であり、多少変動しても、いずれ収束するという意味で安定的であるという、二つの性質を備えた均衡を実現するメカニズムを備えている。このメカニズムは、二つの曲線の特徴と位置関係、すなわち「需要曲線は右下がりであり、供給曲線は右上がりである。それゆえ、両者は基本的に一点で交わる」ことにもとづいている。

ちなみに、市場メカニズムは、労働市場のみならず、たいていの財の市場に対してもあてはまる。

とにもかくにも、かくして労働市場が成立し、資本主義という生産形態が広がりはじめることになる。

資本主義の成長

資本主義の成長と、そして各地への普及は、どこよりもまずヨーロッパ、とりわけイギリスにおいて、急速に進んだ。低賃金の経済と高賃金の経済をめぐって闘わされた論争を思いかえせば、そのことは容易に感知できるだろう。一八世紀前半には、ファミリービジネス経営者の経済行動に親和的な前者が圧倒的に優越していた。しかし、世紀後半になると、資本家や賃金労働者の経済行動に親和的な後者を奉じる評論家、政策担当者、さらにはようやく登場した経済学者が論争を挑むという事態が現出した。

それでは、資本主義は、いかなるメカニズムで成長するのか。また、急速に成長できたという事態は、いかなる特徴に拠っていたのか。

第一に、資本主義の成長メカニズムについて。

この点に関して、まずもって指摘されるべきは、資本主義の成長には非経済的な要因が貢献していたことである。

たとえばイギリスでは、まさに一八世紀、農業部門において経営規模を拡大し、生産性を向上させるため、資本家（農業資本家）が賃金労働者（農業労働者）を雇用して耕作させる資本主義的経営の導入が議会主導で進められた。すなわち、議会は、「囲い込み法」なる法律を制定し、耕地の統合による大規模化と共同地の廃止を定めた。大規模な耕地を経営できるのは資金とマネジメント能力をもった資本家のみであり、また共同地はファミリービジネス経営者たる小農にとって生存維持の手段だったから、あきらかにこれは、資本主義の成長をめざして導入された法的な、すなわち非経済的な手段である。

ただし、より重要なのは、生産部門としての資本主義は、それ自体のうちに、みずからの成長を促進するメカニズムを備えていたことである。このメカニズムは、経済的なものとみなしてよい。さらにいえば、ひとたび資本主義部門の成長の第一歩が踏出されれば、それは、つぎに来る第二歩を準備する。すなわち、資本主義は正のフィードバックを内包している。

いま、あるファミリービジネス経営者が高賃金の経済論に宗旨替えし、生産活動を活発化させたとしよう。いずれ、彼は他者を雇用しなければならなくなるが、その際に雇用の対象となるのは、低賃金の経済論に固執してビジネスチャンスをつかみそこね、賃金労働者化した元ファミリービジネス経営者である。

こうして誕生した資本主義部門においては、資本家と賃金労働者という二種類のアクターは、集団としては高賃金の経済論を奉じる。資本家にとっては生産した商品、賃金労働者にとっては労働という、みずからがもつ財の価格が上昇すれば、財の供給を増加させる、ということだ。これは、資本主義部門においては、すべてのアクターはビジネスチャンスを無駄にせず、生産性を上昇させようと努めることを意味する。かくして、残存するファミリービジネスもまた資本主義的な経営に敗れ、淘汰されてゆく。そして、淘汰されたファミリービジネスの元経営者たちは賃金労働者として資本家に雇用され、資本主義部門の成長、同部門における経営規模の拡大、そしてさらなる生産性の上昇に貢献することになる。

まとめると、生産性の優位、ファミリービジネス部門からの賃金労働者の供給、経営規模の拡大、生産性の向上――というサイクルが正のフィードバックとして働き、資本主義の成長を促進し、さらには駆動（ドライブ）させる。これが資本主義の成長メカニズムである。

第二に、資本主義の急速な成長の原因について。

資本主義に先立つファミリービジネスにおいては、経営単位は家族である。そうすると、純粋に経済的に考えると不必要なメンバーを含む経営が相当数存在することが予想される。経営に必要な人数と家族メンバーの人数が一致することは偶然の所産以外のなにものでもないが、不要なメンバーとて家族の一員である以上「経営規模からして不要だから出てゆけ」とはいいがたいからだ。また、労働市場が整備されていないので、出てゆけといわれても困るという事情もある。多くの場合、ファミリービジネスは必要以上の労働力をかかえこんでいるのであり、個人単位でみた場合、これは、収入の水準が、適正規模の経営と比して低く抑えられていることを意味する。

資本主義部門が出現すると、ファミリービジネスを構成するメンバーのなかにも、高賃金の経済論を奉じる心性が広まりはじめる。そうすると、とりわけ主要な経営者以外のメンバーについては、収入が低く抑えられていることに気付き、機会があれば、より高い収入を求めてファミリービジネスを離脱したいと考える人びとが出現する。そして、そんな機会を提供するのは、資本主義部門以外にはありえない。

資本主義部門をみると、ファミリービジネスに比して生産性が高いことを反映して、生産する安い財に対する需要が増加するため、さらなる労働力が必要となる。労働需要が増加するので、賃金は上昇する。賃金上昇はファミリービジネスからの労働力の流入を惹起するが、流入したい人びとはいくらでも存在するだろう。かくして、資本主義部門は、ファミリービジネスからの労働力の移動を媒介として、急速な成長を実現する。

しかも、それだけではない。ファミリービジネスが経営規模に比して必要以上の労働力をかかえこんでいる場合には、資本主義部門のさらなる急成長をひきおこすメカニズムが存在し、発動することが知られている。それも、経済の次元で作用し、かつ正のフィードバックを備えたメカニズムである。資本主義部門の成長の急速さは、このメカニズムによって相当部分が説明できる。

無制限労働供給モデル

いま述べたメカニズムについては、すでに開発経済学者アーサー・ルイスが、シンプルかつ強力なモデルを構築して説明することに成功している。有名な「無制限労働供給（unlimited supply of labor）モデル」である。

ファミリービジネス経営というアクターは、家族が単位であるという特徴ゆえ、たいてい必要以上の労働力をかかえこんでいる。農業部門のファミリービジネス経営である小農を例にとると、本当だったら父母の二人で十分なのに、とっくに成人した息子と娘も、ほかに働く機会がないので、実家の農業を手伝っている、という感じ。こんな息子や娘を、開発経済学者ラグナー・ヌルクセに従って「偽装失業」と呼ぶことにしよう。

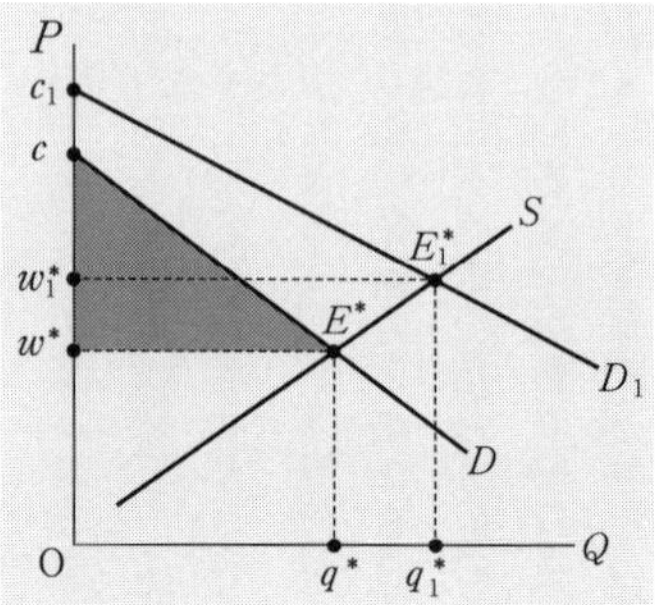

図４・４

ここで、一方で彼らは高賃金の経済論を受容し、他方で労働市場が成立するという、経済行動と経済システムの双方に変化がみられたら、どのような事態が生じるか。おそらく彼ら偽装失業者は、自分が生活できるだけの賃金が提示されたら、ファミリービジネスを営む家族から独立して働きに出るだろう。

問題はその先、つまり、この場合になにがおこるか、である。

彼らが労働力として移動し、ファミリービジネスのメンバーから賃金労働者にかわることにより、この経済システムの内部には、以前から存在したファミリービジネス部門と、あらたに登場した資本主義部門という、二つの部門が成立する。ルイスによれば、資本主義の成立後しばらくのあいだ、経済システムの内部では二部門が並存する。二つの部門は、労働力が移動するというかたちで接合される。こんな特徴をもつ経済システムは、二部門モデルとして表現および分析することが可能であり、また必要である。

まず資本主義部門の労働市場を考える［**図４・４**］。

横軸に労働量［Q］、縦軸に労働の価格［P］すなわち賃金をとった直交座標を考える。労働需要曲線は右下がりであり、労働供給曲線は右上がりになる。需要と供給は二つの曲線の交点［E^*］で均衡し、均衡労働量［q^*］と均衡賃金［w^*］を実現する。

そのとき、資本家の取り分つまり利益はどうなるか。

労働需要曲線の高さは「資本家が支払ってもよい、すなわち支払える賃金」を表し、これに対して均衡賃金［w^*］は「資本家が実際に支払う賃金」を表すから、その差額は利益として資本家のものとなる。たとえば、最初の一人目については、資本家はかなりの額［c］を支払う準備があるが、実際にはそれより少ない額［w^*］しか支払わなくてよいので、両者の差額［($c-w^*$)］は資本家の利益となる。

同じことは、二人目、三人目、さらにはそれ以降の賃金労働者についてもいえる。ただし、ここについても「限界収入逓減」の法則があてはまる。つまり、雇用する人数が増えると、だんだん生産性が落ちてくる。したがって、支払える賃金も下がってくる。労働需要曲線の高さは小さくなり、実際に支払う賃金との差額である利益は減ってくる。最終的に両者は労働量が均衡取引量［q^*］となる点、つまり均衡点［E^*］で等しくなり、資本家はそれ以上労働者を雇用することはしなくなる。

資本家の利益は、ここまでの賃金労働者一人ひとりについて得られた利益の合計、つまり（0、w^*）、E^*、そして労働需要曲線と縦軸の交点（0、c）の三点を結んだ三角形みたいな図形の面積（灰色部分）となる。

ここで、資本主義部門が成長し、同部門の経営規模が総体として拡大したと仮定する。同部門はファミリービジネス部門に比して生産性が高いため、同じ財であれば安価に生産でき、それゆえ需要が増えるだろうから、これはあながち無理な仮定ではない。そうすると、同部門が必要とする労働量も、全体として増加する。図のうえでは、これは、労働需要曲線［D］が右［D_1］にシフトするというかたちで表現できる。

この場合、均衡点はE^*からE_1^*に移動するが、E_1^*はE^*の右上方に位置するので、均衡賃金はw^*からw_1^*に上昇する。つまり、成長以前とくらべて、人件費がかさんでしまう。人件費は経営者からすれば費用なので、これによって経営拡大の速度は鈍化する。ちなみに賃金労働者の側からすると、賃金が上昇するので、資本主義部門の成長は生活水準の上昇をもたらす。

図でいうと、資本家の利益は、（0、w_1^*）、新しい均衡点［E_1^*］、そして新しい労働需要曲線［D_1^*］と縦軸の交点（0、c_1）の三点を結んだ図形の面積となる。これを、成長前の資本家の利益と比べると、賃金がw^*からw_1^*に上昇したことを反映して、思ったほど大きくなっていないことがわかる。

続・無制限労働供給モデル

ところが。

ファミリービジネス部門が並存していると、話はかわる［図4・5］。

同部門の経営すなわち家族は偽装失業をかかえこんでいるが、偽装失業者は働く機会があったら喜んで働きに出るはずだ。もちろん、あまり低い賃金では生活できないから、必要最低限の賃金水準、つまり「生活・生存に必要な費用と、資本主義部門への移動費用の合計」からなる賃金［w^*］が提示されることは必要である。ただし、この水準の賃金が提示されるかぎり、偽装失業者はどんどん流入して労働力を供給するだろう。

彼らの存在を考慮に入れると、労働供給曲線［S］は、通常の場合つまり資本主義部門だけしか存在しない場合とは異なって、右上がりの形態とはならない。ファミリービジネス部門から偽装労働者が新しく賃金労働者として資本主義部門に参入するので、賃金水準は一定でかわらない。つまり、労働供給曲線はw^*の水準で水平となる。賃金を上げなくても、無制限に労働が供給される。これが、ルイスがいう「無制限労働供給」という事態である。

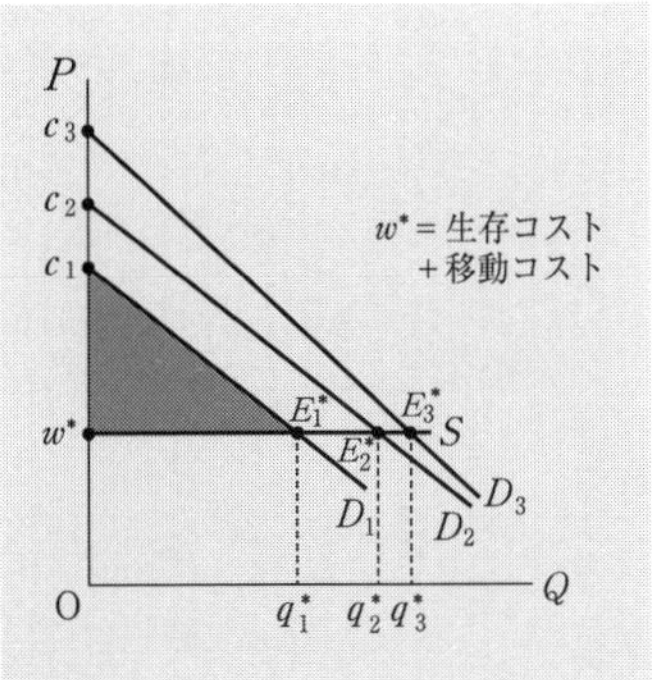

図4・5

ここで均衡点はE_1^*になるので、資本家の利益は（0、w^*）、E_1^*、そして労働需要曲線D_1と縦軸の交点（0、c_1）を結んだ三角形のような図形の面積（灰色部分）で表せる。これを投資すると経営規模は拡大し、労働需要曲線はD_2、D_3へと右にシフトしてゆく。かくして資本主義部門の総体も成長してゆくが、この成長は、無制限労働供給がない通常の労働市場の場合と比較すると、はるかに早い。賃金が上がらないため、資本家の利益の増えかたが早いからだ。

図でいうと、資本家の利益は、経営規模が拡大して労働需要曲線がD_2にシフトすると、（0、w^*）、E_2^*、そしてD_2と縦軸の交点（0、c_2）を結んだ図形となり、さらに労働需要曲線がシフトしてD_3になると、（0、w^*）、E_3^*、D_3と縦軸の交点（0、c_3）を結んだ図形となる。無制限労働供給がない場合と比較するとき、利益の増えかたの速さは一目瞭然だろう。

まとめると、資本主義部門がファミリービジネス部門と並存している場合は、前者の部門には「財を生産、利益が発生、利益を再投資、財の生産が増加、労働需要曲線が右にシフト、偽装失業が存在するので労働供給曲線は水平、したがって賃金は一定、利益が急速に増加、急速な成長」というメカニズムが働く。

もうちょっと正確にいっておこう［**図4・6**］。資本主義部門では、成長によって労働需要曲線がD_1からD_2へと右にシフトし、均衡賃金はw_1からw_2に上昇する。しかし、これは偽装失業者の参入を招き、労働供給曲線はS_1からS_2へと右にシフトする。その結果、均衡賃金はふたたびw_1に下がり、結局、労働供給曲線は水平すなわちSとなる。このメカニズムでは

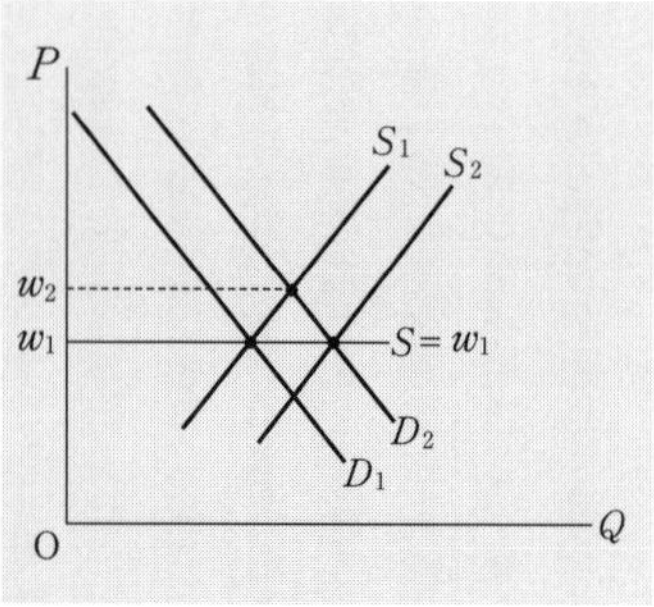

図4・6

「成長、賃金の上昇、労働者の流入、賃金の低下、利益の急速な増加、投資の増加、さらなる成長」という正のフィードバックが働く。

ただし、偽装失業は無限に存在するわけではないから、いずれ枯渇するだろう。この点を「転換点（turning point）」と呼ぶ。

そこから先は、賃金が上がらなくても働きたいと考えて資本主義部門に流入してくる新たな賃金労働者は、もはやいない。それゆえ、労働供給曲線は、通常の資本主義下の労働市場の場合と同じく、右上がりとなる。成長が続き、労働需要曲線が右にシフトすると、均衡点における労働の価格つまり賃金は上昇する。こうして、成長の速度は鈍化し、通常の資本主義の場合と同じ水準に収斂してゆく。

また、ファミリービジネス部門においても、偽装失業者がいなくなった以上、労働需要と労働供給は通常の労働市場のメカニズムに準じて機能せざるをえない。労働力が余れば働きに行くくし、足りなければ雇わなければならない。こうして、同部門にも資本主義的な行動様式が浸透してゆくことだろう。

資本主義確立の条件

おっと、ぼくは、シンプルでエレガントな無制限労働供給モデルが個人的に好きなので、思わず力が入ってしまって長くなった。

それでは、このモデルは、資本主義部門に対する労働供給のありかたに関する史実と、どの程度整合しているのか。

当然のことながら、整合しない史実も多々存在する。

たとえば、このモデルはファミリービジネス部門から資本主義部門への移動を一方向的で一回かぎりのものと想定しているが、「出稼ぎ」という行動様式は、両部門を往復するという、双方向的で複数回の移動を前提としている。これは、ぼくらにとってもなじみぶかいし、歴史的にも、世界各地において、さまざまな時代にみられてきたものだ。

また、ファミリービジネス部門をなす「だれも雇わず、だれにも雇われない」経営者やその家族ではなく、彼らの下位に位置する奉公人や召使といった人びとが賃金労働者の主要な供給源となった事例は、資本主義化が典型的に進んだイギリスでも珍しくない。

あるいは、一九世紀インドでは、イギリス植民地支配下で再編強化された（いわゆる）カースト制度のもとで、特定の身分が特定の職業と一対一対応するようになった。また、同時期のロシアでは、解放された農奴が営むファミリービジネス経営である「クスターリ」が根強く存続し、資本主義部門の成長は遅々として進まなかった。

その一方で、経済の急速な成長が無制限労働供給モデルによって説明できる事例も存在する。その代表として挙げられるべきは、二〇世紀末以来の中国である。中国経済は、一九八〇年代に入って改革開放政策が本格的に始まって以来、驚異的な速度で成長を遂げてきた。その主要な原因は、資本主義部門の成長がみられた沿岸部にむかって、同部門の成長の遅れとファミリービジネス部門の強固な残存で特徴づけられる内陸部から、安価な労働力が大量に流入したことに求められている。

ただし、資本家がなんらかの理由にもとづいて勤勉に働くようになり、また無制限労働供給モデルにもとづいて安価な労働力が供給されたとしても、それだけでは、資本主義が確立するには十分ではない。いくら生産に勤しんで利益を増加させたとしても、それが自分に帰属することが確定されていなければ、生産活動に対する意欲は上がらないだろう。資本家にとっては生産活動に供給する資金こそがすべてであるだけに、なおさらのことだ。

これはつまり、私的所有権が保証されることが、資本主義の確立にとって不可欠の条件である、ということである。

所有権が明確に、すなわち法的に保証されたのは、じつはそれほど昔のことではない。もっとも早かったのはイギリスだが、それでも、所有権の法的保障には一七世紀を待たなければならなかった。一六二四年、イギリス議会は「専売条例」を定め、発明者に特許を認めるとともに、その侵害者に対する損害賠償請求権を与え、知的所有権を保障した。さらに一六八九年の「権利の章典」は国王が議会の同意なく課税することを禁じる条項を含んでいたが、これは、のちに、私的所有権は政治権力から保護されるべきことを定めたものとみなされることとなった。産業革命が一八世紀のイギリスで始まったのは、偶然ではなかったのである。

読書案内

労働市場のメカニズムについては、例によってミクロ経済学の教科書を参照。労働市場など諸市場のメカニズムは、消費者と生産者の行動理論に続いてミクロ経済学の基礎というか土台をなしているので、どの教科書にもかならず説明があるはずだ。

資本主義の精神の起源をめぐるマックス・ヴェーバーの所説は、ヴェーバー［1989］で展開されている。同書の刊行を契機として始まった論争については、たとえば梅津［1989］が的確な全体像を描いているが、論争はいまだ日本でも諸外国でも現在進行形であるところが、なんというか、すごい。

ルイスが無制限労働供給モデルを提示したのはLewis［1954］である。同モデルは開発経済学の基本的な知識となっているので、開発経済学の教科書にはかならず載っている（と思う）が、管見のかぎりもっともわかりやすい説明は峯［1999］にある。

なお、労働力の供給源である「必要以上の労働力をかかえこんだ家族」の経済生活のメカニズムについては、文化人類学者クリフォード・ギアツが「インボリューション（貧困のシェアリング）」という概念をもちいてモデル化している（ギアーツ［2001］）。インボリューション論については、原［1999］が適切かつ簡潔な説明を加えている。

経済成長において私的所有権の保障という非経済的な事象がきわめて重要であり、実際に重要だったことをいちはやく指摘したのは、ここでもまたノースである（ノース他［2014］）。経済学を十分に咀嚼しつつ、経済の領域の外部にある事象にもちゃんと目をくばる彼の学識には（僭越ながら）驚かされる。

第5章　小作制度と問屋制度

もうひとつの途

ファミリービジネスという生産形態は、経営者の能力や労働観、やる気（モチベーション）、地理的条件をはじめとした偶然などによって生産性に差がつきやすく、その意味ではきわめて不安定な存在だった。高い生産性を実現した経営者は、供給する財の費用を下げて利益を拡大し、あるいは価格を下げて市場占有率（シェア）を引上げることにより、経営規模を拡大する。やがて、彼らは、みずから生産労働に携わることをやめ、資金の供給や労働手段の提供、マネジメント、この二つの機能に特化してゆく。ファミリービジネス経営者の両極分解と、それにもとづく資本家という経営者および資本主義という生産形態の誕生である。

この両極分解が貫徹する場合、資本家の対極に位置するのは、生産性の向上に失敗して没落し、生産手段を失い、資本家に雇用され、労働の対価として賃金を受取ることになった賃金労働者である。これは、同時に、資金（および労働手段）提供とマネジメントは資本家、労働は賃金労働者というかたちで、生産の段階に分業が導入されることを意味する。

ここで想起され、検討されるべきは、この両極分解はつねにかならず貫徹するのかという問題である。

まず思考実験として、両極分解のプロセスを、頭のなかで辿ってみる。

高い生産性を実現したファミリービジネス経営者が資本家になるという点は、とりあえず良いとしよう。彼らの眼前に広がっているのは、一部のファミリービジネス経営者が損失を生み、みずからの生産手段を手放さなければならなくなりつつある、という光景だ。放置していれば、彼らは賃金労働者化するだろう。そして、もちろん、資本家にとって「放置する」という選択肢は「あり」である。

それでは「放置しない」という選択肢は「なし」なのか。すなわち、資本家が、まだ生産手段を保持している経営者となんらかの契約を結び、資本主義とは別のかたちの分業を開始する、というパターンである。もしもこの選択肢が「あり」だとすると、そこには、資本主義とは異なった生産形態、いわば「もうひとつの途」が現出することになる。

じつは、ぼくらは、この生産形態を日々目にしている。かたや資本家、かたや生産手段を保持した経営者、この二者が織りなす生産形態は、現在も存在する。「もうひとつの途」という選択肢は「あり」なのだ。

この形態の例としてまず念頭に浮かぶのは、農業における小作制度である。小作制度とは、資本家が土地を購入し、それを、今日でいえばトラクターやコンバインといった農業機械、昔でいえば鎌や鋤や鍬といった機具や牽引用家畜、つまり生産手段を所有する農民に貸しつけ、農民が労働を担当する、という生産形態である。農民は、生産を委ねられた財を収穫したあと、現物で、あるいは、それを市場で売却して得た貨幣で、土地の賃貸料である地代（レント[Rent]）を支払う。

一目みてわかるとおり、この生産形態は資本主義ではない。たしかに、資本家は土地という生産手段を貸付のかたちで提供し、農民は労働を担当する、という点については、資本主義とほぼ同じ分業がなされている。しかしながら、農民は、単に労働を担当するのみならず、耕地以外の生産手段を所有し、財の生産に際して提供する。この点で、彼らの役割や機能は、労働力しかもっていない賃金労働者とは異なる。

小作制度は農業の領域にみられる生産形態だが、工業でほぼ同じ位置を占めるのが問屋制度である。この制度では、資本家はみずからの資金をもちいて材料を仕入れ、それを下請け生産者に貸付ける。下請け生産者は、自宅などみずからが所有する加工場において、みずからが所有する機械や道具をもちいて、借りた材料を加工し、財を生産する。生産された財は、資本家が、貸付けた材料の量に応じた前貸し金（材料の代金と手数料の合計）を差引いたうえで、独占的に買上げ、そののち市場に供給し販売する。この機能を果たす資本家を「問屋」と呼ぶ。問屋と下請け生産者は、材料の貸付と財の独占的買上げという契約を取結び、この契約のもとに分業関係を構築する。かくして成立する生産形態が問屋制度である。

これまた一目みてわかるとおり、問屋制度は資本主義ではない。下請け生産者は、加工場・機具・機械といった生産手段を所有し、財の生産に際して提供しているからだ。

それでは、小作制度や問屋制度という生産形態は、いかにモデル化できるか。資本主義ではなく、これら「もうひとつの途」が採用される場合、その理由は何処に求められるのか。

生産管理機能のアウトソーシング

資本家が小作制度や問屋制度を採用する動機はなにか。

資本家は合理的な存在であると前提されているから、彼らがこれら生産形態を選好するというのであれば、ぼくらは、そこに経済的なメリットがあると仮定しなければならない。資本家にとって、賃金労働者を雇用して資本主義という形態を採用することだけが経済的に合理的な選択肢ではない、ということだ。そして、そのうえで「もうひとつの途」におけるメリットのありかとありかたについて、想いを巡らせなければならない。

資本主義と「もうひとつの途」の違いは、労働を担う人びとが生産手段を部分的にでも所有しているか否かにある。それでは、この違いは、生産活動において、いかなる帰結をもたらすのか。

この点について、小作制度に即して確認しておこう。小作制度にはいくつかの類型があるが、もっとも典型的なのは「定額小作制度」と呼ばれる制度なので、以下では同制度を例にとって話を進める。

小作制度では、資本家が土地すなわち耕地を所有し、地代を支払うことを条件として、農民に貸付ける。土地の貸付を受けた農民は、自分の土地を耕作する農民が「自作農」と呼ばれるのに対して、「小作農」と呼ばれる。定額小作制度では、小作農は、不作や豊作など収穫量の水準の如何にかかわらず、単位面積あたり一定額の地代を支払う。たいてい地代は貨幣形態で支払われるので、小作農は収穫した生産物を市場で販売して代金を得、そこから地代を支払うことになる。

資本主義の場合、生産手段はすべて資本家が所有しており、労働を担う賃金労働者は働くだけである。いつ、どこで、だれが、なにを、どれくらい、どのようにして生産するかという点にかかわる意思決定たるマネジメント、とりわけその中核をなす生産管理機能は、すべて資本家が担う。

これに対して、定額小作制度の場合、生産管理機能を担うのは小作農の側である。資本家は土地を貸出すだけであり、収穫期が終わったあと、小作農がちゃんと定額の地代を支払ってくれれば、それでよい。小作農がどのように働くかは、彼らの関心のほとんど外にある。その土地をどのように利用するか、つまり生産管理にかかわる意思決定は、土地を借りた小作農のしごとである。

経済システムの観点からすると、二つの生産形態の最大の違いは、生産管理機能をだれが担うかという点に存する。

資本家にとって、定額小作制度の採用は、生産管理機能を小作農にアウトソーシングすることを意味している。アウトソーシングすれば、生産管理に必要な費用を考える必要はなくなる。これが、資本家にとってのメリットだ。ただし、生産管理機能を放棄すると、生産現場はブラックボックスとなり、なにが生じても不思議ではなくなる。これが、資本家にとってのデメリットだ。彼は、これらメリットとデメリットを比較衡量し、生産管理機能をアウトソーシングするか否か、つまり定額小作制度を採用するか資本主義を採用するかを決定する。

小作農の側からすると、生産管理機能のアウトソーシングとは、生産管理に必要な費用が資本家から自分に移転されることを意味するので、その点だけをみると、あまりうれしい話ではない。その一方では、資本家は生産現場に来なくなるので、自分の好きなように行動できることになり、畑に来る資本家から「あれをやれ、これをやれ」と命令されたりジロジロ監視されたりすることから生じるうざったさは減少する。小作農も合理的な存在であるはずだから、彼らは、こういったメリットとデメリットを比較衡量し、資本家が提案する小作契約に応じるか否かを決定する。

資本主義との最大の違いが生産管理機能のありかに存するという点は、定額小作制度のみならず、ぼくらが「もうひとつの途」と呼んできた生産形態のすべてに妥当する。

これら定額小作制度以外の生産形態としては、小作制度については、収穫された生産物を一定の割合で資本家と小作農が分けあう「分益小作制度」が、歴史上、あるいは今日でも、比較的よくみられる。

問屋制度もまた、生産管理機能のありかという観点からみると、特徴が明らかになる。問屋は材料を生産者に貸付けるが、生産プロセスに関心をもつことはないし、介入することもない。あとは、生産者が作りあげて持参する財を独占的に買い、材料を貸付けた代金を回収することができれば、それでよい。生産管理は、ここでもまた、全面的に生産者にアウトソーシングされる。

小作制度をモデル化する

そろそろ「もうひとつの途」をモデル化してみよう。

まず小作制度に即して考える。

さて、モデルを構築する際は、その前にやっておかなければならない準備作業がある。「なにを明らかにしたいか」すなわち設問を確定することである。それによってモデルの構造が決まってくるからだ。

たとえば、狩猟採集経済が孕む問題を「コモンズの悲劇」としてモデル化する際は「合理的な存在たる人間が、一見非合理的な行動をとるのはなぜか」が設問となり、人びとの利益と集団の利益の関係や異同に着目することが必要となる。そのためには、利益の大きさを人びとの生産行動と関連させるモデルを構築すればよい。こうして、目指すモデルの構造（小難しくいうと、独立変数と従属変数の選択）が決まるが、これはわりとわかりやすいパターンである。

それでは「もうひとつの途」をモデル化するに際して、ぼくらが取組むべき設問はいかなるものか、といえば、それは「資本家が生産管理機能をアウトソーシングするか否かを決定する際の判断要因はなにか」である。

ちょっと考えると、この問いに答えるためには、資本家は合理的であると仮定しているからには、彼が生産活動から得る利益の大きさを、アウトソーシングしない場合（資本主義）とする場合（もうひとつの途）について比較すればよい、という気がしてくる。

かくして簡単に一件落着、と思うかもしれないが、じつはそうではない。地代の水準（定額小作制度であれば金額、分益小作制度であれば配分比率）は資本家と小作農の交渉によって決まるが、力関係は圧倒的に前者に有利である。したがって、実際には、地代水準には資本家の意向がおおきく反映される。小作制度においては、資本家の利益は、かなりの程度、資本家自身によって決定可能なのだ。この場合、同制度と資本主義を、利益の大きさについて比較することは意味がない。利益の大きさが「資本主義か、定額小作制度か」という意思決定を規定するという仮定は、非現実的である。むしろ、小作制度が採用される場合は、まず「採用する」という意思決定があり、それに沿ったかたちで地代水準が決定される、と考えるべきだろう。

利益の「大きさ」が重要ではないとすると、問題とするべきはなにか。思いつくのは利益の「ありかた」、つまり「生産される財が、資本家と小作農のあいだでどのように配分されるか」である。財の配分パターンを二つの生産形態について比較し、おのおのの特徴を確定することにより、アウトソーシングするかしないかを選択する際に働く意思決定のメカニズムを明らかにすること、これがモデル構築の目標となる。そこでは、生産される財の量と、資本家と小作農おのおのに対する分配分の関係が明らかにされなければならない。

これでようやくモデルの構造が決まった。

つぎに、もうひとつ準備作業として、小作制度の比較対象である資本主義についてモデルを構築し、その特徴を調べておこう。経営者であり、土地の所有者すなわち地主でもある資本家が、賃金労働者を雇用して生産にあたらせる、いわゆる資本主義農場制度である。なお、モデルを簡単にするため、賃金は定額と仮定しておく。

縦軸に価格［P］、横軸に単位面積あたりの生産量［Q］をとった直交座標を考える。この座標のうえに、価格で表現された資本家や労働者の分配分を表す曲線を描いてみよう［図5・1］。

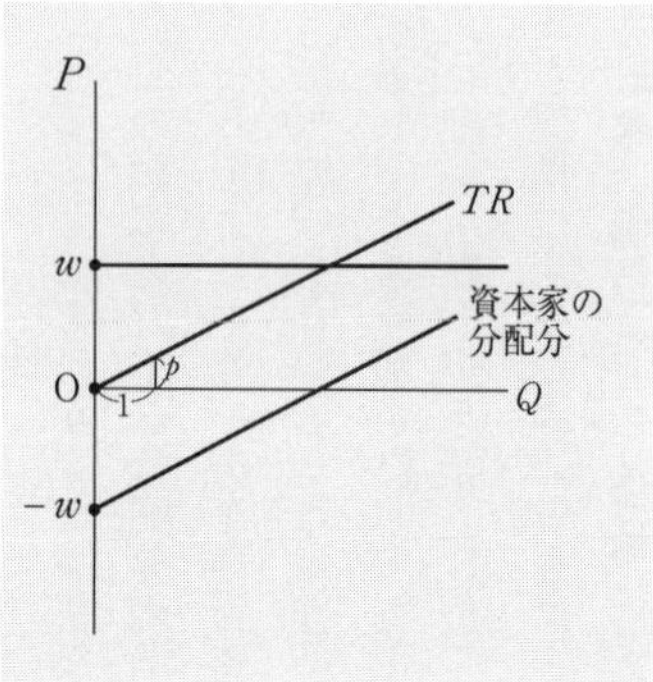

図5・1

事態を簡略化するため財の価格を一定と仮定し、そのうえで、単位面積あたり生産量の財を販売することから得られる総収入［*TR*］を考える。総収入は原点を通る直線で表せ、この直線の傾きが財の価格［*p*］となる。この総収入を賃金労働者と資本家のあいだで配分するわけだ。まず労働者の分配分つまり賃金だが、賃金の大きさを*w*とすると、賃金を表す曲線は（*w*、0）からスタートし、横軸に平行する直線となる。単位面積あたりの財の生産量が多くても（豊作）少なくても（不作）彼らの賃金はかわらないからだ。これに対して、資本家の分配分は、総収入から賃金をさしひいたものになる。そうすると、総収入がゼロでも賃金を支払わなければならないから、資本家の分配分は（0、−*w*）からスタートし、総収入曲線と平行な直線を描く。

ここで問題となるのは、農業は天候の良し悪しなどにもとづく収穫の変動が大きい、つまりリスクが大きい産業だ、ということである。資本主義農場の場合、このリスクはだれが負担するのか。すぐにわかるとおり、それは資本家である。単位面積あたりの財の生産量の変化は、図の上では左右への移動として表されるが、その場合に分配分が変化するのは資本家である。

このリスクは、資本家にとっては大きなデメリットである。

これに対して賃金労働者は、定額賃金を受取るから、生産量が変動しようがしまいが、ほとんど関係ない。つまりリスクは小さいのであり、これは大きなメリットとなる。

それでは、資本家にとって、資本主義農場制度にメリットはないのか。じつは、そうではない。単位面積あたり生産量によって分配分が変化するということは、なんらかの手段をもちいて単位面積あたり生産量の増加すなわち生産性の上昇に成功すれば、その分だけ分配分が増えることを意味する。これは、潜在的なものにすぎないかもしれないが、とにもかくにも資本家にとってのメリットをなしている。資本主義農場制度においては、資本家の側には、技術革新などによって生産性の上昇を目指して（肉体労働ではないが、マネジメントなどの）労働するインセンティヴが生じるわけだ。

これに対して、賃金労働者は、どう働いても分配分すなわち賃金は一定だから、まじめに働くインセンティヴはあまり機能しない。これは、ちょっとしたデメリットとなる。彼らにあっては、リスクも小さいがインセンティヴも小さい。

まとめると、資本主義農場制度の特徴は「資本家にとっては、リスクは大、労働インセンティヴも大。賃金労働者にとっては、リスクは小、労働インセンティヴも小」となる。

続・小作制度をモデル化する

さて、ようやく小作制度である。

定額小作制度から始めよう。資本主義農場制度との比較を念頭に置きつつ、この制度のモデル化を試みる。

縦軸に価格［P］、横軸に単位面積あたり財の生産量［Q］をとった直交座標を考える。この座標のうえに、価格で表現された資本家の分配分すなわち地代と、労働を担当する小作農の分配分を表す曲線を描いてみよう［図5・2］。

まず資本家の分配分たる地代だが、価格で表した地代をrとすると、単位面積あたり地代は（0、r）からスタートし、横軸に平行で水平な直線となる。地代は定額なので、不作だろうが豊作だろうが変化しないからだ。

これに対して、小作農の分配分は、総収入から地代をさしひいたものになるが、総収入がゼロでも地代を支払わなければならないから、（0、$-r$）からスタートし、総収入曲線と平行な直線を描く。

それでは定額小作制度の場合、リスクはだれが負担するのか。すぐにわかるとおり、それは小作農である。単位面積あたり生産量が変動し、図のうえでは左右に移動する場合、分配分が変化するのは小作農だけだからだ。これに対して、定額の地代を受取る資本家にとっては、生産量の変動はまったく関係ない。

資本家にとって、リスクを負わなくてよいというのは、定額小作制度の大きなメリットである。ただし、この事態が続くと、彼らは単位面積あたり生産量の変動に対して関心を失い、さらには生産性の向上や経営規模の拡大などに対するインセンティヴを失ってゆく。定額小作制度は、資本家にとっては、リスクを縮小するというメリットと、インセンティヴを失わせるというデメリットの双方を備えた生産形態である。生産管理にかかわる機能を全面的にアウトソーシングするとは、つまりはそういうことだ。

今度は小作農をみると、彼らは気候変化などの帰結たる生産量の変動がもたらすリスクの大部分を負わなければならない。これは、大きなデメリットになる。とりわけ、経営規模が小さく、生存限界に近いところで日々を送っている小作農については、このデメリットに耐えきれなくなる可能性が大である。その場合、彼らは定額小作契約を忌避し、別の生産形態を選好するだろう。ただし、彼らは、働けば働くほど分配分が増えるという状況に置かれている。したがって、労働時間の延長や新しい生産技術の開発などによって財の生産量を増やそうとするインセンティヴが働く。これが、小

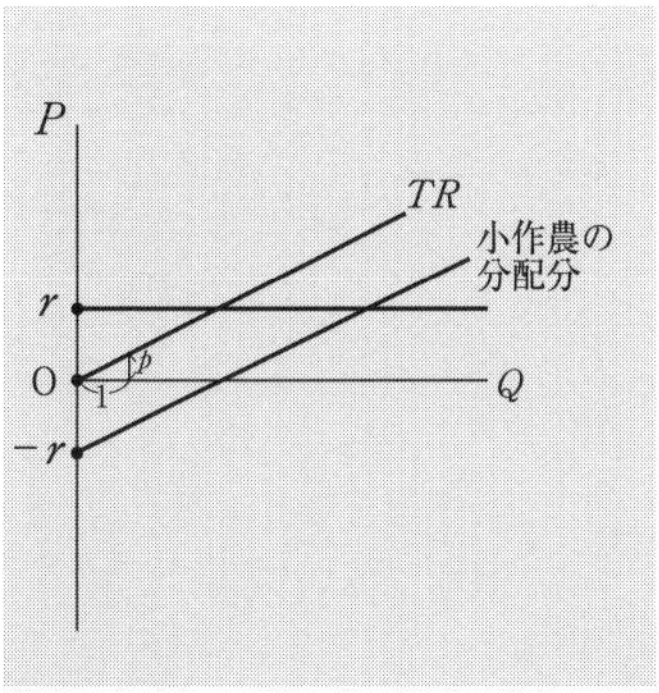

図５・２

作農にとってのメリットをなす。そして、それは、けっして小さなものではない。

以上の点をまとめると、定額小作制度の特徴は「資本家にとっては、リスクは小、労働インセンティヴも小。賃金労働者にとっては、リスクは大、労働インセンティヴも大」というものになる。

ここで定額小作制度を資本主義農場制度と比較すると、リスクとインセンティヴの帰属先がちょうど逆になっていることがわかる。

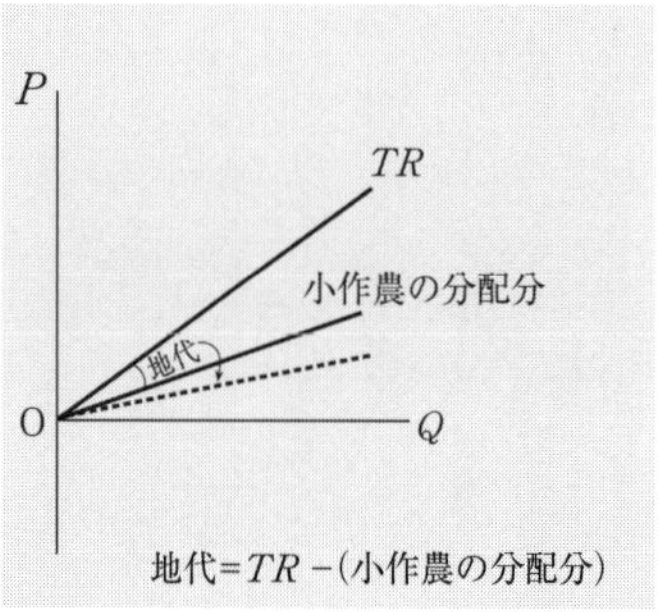

図5・3

リスクは小さいほうがよいし、インセンティヴは大きいほうがよい。しかし、こうしてみると、リスクが小さくてインセンティヴが大きいような、理想的な生産形態は存在しないことがわかる。リスクとインセンティヴの大きさによって規定される各生産形態のメリットとデメリットは「あちら立てればこちら立たず」すなわちトレードオフの関係にあるわけだ。

それでは、分益小作制度はどうか［図5・3］。

この制度では、地代は定額ではなく定率になる。「利益を分けあう」という意味で「分益」小作と呼ばれるわけだ。これだと、単位面積あたりで考えて、資本家の分配分たる地代と、小作農の分配分は、ともに総収入に比例するので、原点を通る直線になる。

一見してわかるとおり、生産量の変動のリスクは、分益小作制度では両者が分担する。リスクがなくなるわけではないが、それなりに小さくなる。また、頑張って働くことに対するインセンティヴも、そこそこにあるといってよい。リスクもインセンティヴも、両アクターのあいだで配分されるわけだ。

資本家と小作農にとってリスクもインセンティヴも「両方とも、そこそこ」という生産形態、それが分益小作制度である。同制度は、リスクとインセンティヴのありかという点から考えると、資本主義農場制度と定額小作制度の中間に位置するといえる。

資本主義農場制度、定額小作制度、そして分益小作制度という三つの生産形態を、リスクとインセンティヴの帰属先という観点から比較することからわかるのは、リスクが大きければインセンティヴも大きく、リスクが小さければインセンティヴも小さいというように、両者は相ともなう関係にある、ということである。両者がともに資本家に帰属するのが資本主義農場制度、労働を担当する小作農に帰属するのが定額小作制度、そして、資本家と小作農のあいだで配分されるのが分益小作制度である。

結局、リスクが小さくインセンティヴが大きいなどというウマイ話はないのだ。

問屋制度をモデル化する

工業の領域についていうと、同領域における「もうひとつの途」は問屋制度である。この制度を、リスクとインセンティヴの帰属先に着目しながらモデル化してみよう。

縦軸に価格［P］、横軸に材料一単位あたり生産財の量［Q］をとった直交座標を描き、材料一単位をもちいて生産した財を販売することによって得られた総収入［TR］が、問屋の分配分すなわち前貸し金と、実際に生産労働を担当する下請け生産者の分配分のあいだで、どのように配分されるかを考えてみる［**図5・4**］。この座標上では、総収入は、材料一単位をもちいて生産された財の価格［P］を傾きとする直線を描く。

まず問屋の前貸し金だが、前貸し金の金額をcとすると、前貸し金は（0、c）からスタートし、横軸に平行で水平な直線となる。下請け生産者が材料をムダなく使ってたくさん生産しても、適当にさぼって少量の財しか生産しなくても、材料一単位あたりの前貸し金は定額で一定だからだ。

これに対して、下請け生産者の分配分は、総収入から前貸し金をさしひいたものになる。そうすると、借りた材料の加工に失敗したり、いざ財が完成して問屋経由で市場に供したら価格が暴落していて売れなかったりして、総収入がゼロであっても、彼は定額の前貸し金を支払わなければならない。したがって、彼の分配分は（0、$-c$）からスタートし、総収入曲線と平行な直線を描く。

問屋制度の場合、リスクはだれが負担するかといえば、すぐにわかるとおり、それは下請け生産者である。材料一単位あたり生産量が変動し、図の上では左右に移動する場合、分配分が変化するのは生産者だけだからだ。これに対して、定額の前貸し金を受取る問屋にとっては、生産量の変動はまったく関係ない。

インセンティヴのありかをみると、問屋は、ほとんどなにもせずに遊んでいても、マジメに下請け生産者をモニターしつづけても、前貸し金はかわらない。こんな事態が続くと、材料一単位あたり生産量すなわち生産性を引上げることや、経営規模を拡大することに対するインセンティヴや、さらには、やる気そのものを失う可能性が生じる。これに対して、下請け生産者をみると、彼らにあっては、工夫して働けば働くほど分配分が増えるから、新しい生産技術の開発などによって生産性を上昇させようとするインセンティヴが働く。

以上の点をまとめると、問屋制度の特徴は「問屋にとっては、リスクは小、労働インセンティヴも小。下請け生産者にとっては、リスクは大、労働インセンティヴも大」というものになる。

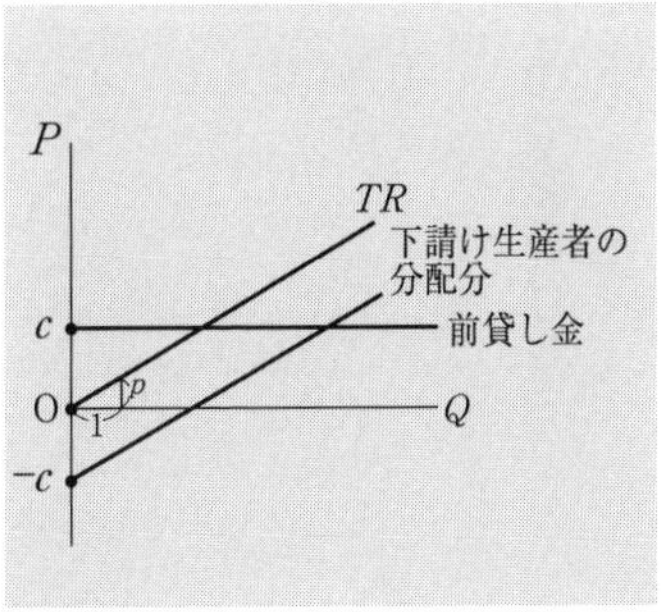

図５・４

メリットとデメリットという次元で考えると、問屋には、リスクが小さいというメリットと、インセンティヴが小さいというデメリットがある。下請け生産者には、インセンティヴが大きいというメリットと、リスクが大きいというデメリットがある。

リスクとインセンティヴの帰属のありかや、メリットとデメリットのありかたからすると、問屋制度は定額小作制度とよく似ている。

二つの途の分岐点

ファミリービジネスを続けるなかで富を蓄積し、財を生産する労働現場から離れて資金供給とマネジメントに特化できるようになった資本家は、賃金労働者を雇用して自分は生産管理に専念する資本主義と、生産手段を部分的に所有する人びと（小作農、下請け生産者）に生産管理機能をアウトソーシングする制度（小作制度、問屋制度）という二つの生産形態のうち、どちらかを選択する。

それでは、この選択は、いかなる要因によって決まるのか。

両者の優劣がはっきりしていれば、資本家は合理的であるはずだから、より有利なほうを選択するだろう。しかしながら、二つの生産形態すなわち「二つの途」において、おのおののメリットとデメリットの大きさを規定するリスクとインセンティヴの帰属先をみると、優劣の判断は難しいことがわかる。

リスクは小さいほうがよく、インセンティヴは大きいほうがよいが、リスクとインセンティヴの大きさには「どちらかが大きければ他方も大きく、どちらかが小さければ他方も小さい」という正の相関関係がある。したがって、メリットとデメリットにも「どちらかが大きく（小さく）なると、他方も大きく（小さく）なる」という正の相関関係がある。あちら立てればこちら立たず。まさにトレードオフの関係であり、これは判断に苦しむところである。

二つの途の最大の違いは、生産管理機能をだれが担うかにある。生産管理には費用がかかるから、資本家が合理的だったら、彼はかならず費用が小さいほうを選ぶだろう。

資本主義の場合、生産管理は資本家自身が担うから、たいていの場合、彼は賃金労働者を一か所に集め、その生産場で労働させる。それにより、監視の目がゆきとどかなくなる危険性や、賃金労働者がサボったり材料を盗んだりする心配はなくなり、こういった事態から生じる費用は小さくなる。その一方で、自分で生産管理をしなければならないのは面倒だから、生産管理にかかる手間すなわち費用が大きくなる。

これに対して、小作制度や問屋制度を採用する場合、生産管理は実際に労働を担当する小作農や下請け生産者にアウトソーシングされるので、資本家からすれば、手間が省けて費用は小さくなる。その一方で、資本家は直接的な生産管理から手をひくので、小作農や下請け生産者がマジメに働くという保証はなくなる。安価で質の悪い材料を他所から仕入れて無断で使用するとか、借りた土地を目的外使用するとか、又貸しするとか、いろいろな事例が考えられる。これらは、資本家にとっては、考慮に入れるべき費用となる。

ちなみに、実際に労働を担当する人びとの側をみると、生産管理がアウトソーシングされて自分に任せられ、小作農や下請け生産者として働くと、資本家がつねに目を光らせ、スキあらば命令しに飛んでくることはなくなるので、気は楽になり、その点では、広い意味での費用は下がる。その一方で、自分で生産を管理しなければならなくなるので、いろいろと手間つまり費用がかかるようになる。これに対して、賃金労働者として働くと、ちょうどその逆になる。彼らの選択は、二つの生産形態がもたらす費用を比較し、小さいほうを選ぶ、というかたちでおこなわれる。

実際の歴史をみると、資本主義と小作制度・問屋制度は、時空間によって比率は異なるが、つねに並存してきた。第二次世界大戦前の日本を例にとると、農村部には小作制度が広範に広がっていた。それゆえ、いわゆる戦後改革の目玉のひとつである農地改革（あるいは農地解放）の最大の目的は、小作制度の廃止による自作農の創設におかれた。工業の領域については、二〇世紀初頭をみると、繊維産業では問屋制度が生産の大部分を担っていたのに対して、製鉄業では官営八幡製鉄所が操業を開始（一九〇一年）して資本主義の導入が始まるという状況がみられた。

一八世紀から一九世紀にかけてのヨーロッパをみると、イギリスでは、資本家が地主から土地を借り、賃金労働者を雇用して生産労働にあたらせるという、生産管理機能のありかたからすれば資本主義に近い生産形態が広まったのに対し、フランスでは、小規模な小作農が労働を担う定額小作制度や分益小作制度が主流をなした。

資本家の側についても、労働を担う人びとの側についても、二つの途は、ともに、理論的にも歴史的にも合理的な選択肢だったといってよい。リスクとインセンティヴを勘案しつつ両者の費用を比較衡量してみると、どちらが小さいかは場合によって異なる。それゆえ、彼らにとっては、どちらの選択肢も「あり」だし、実際に「あり」だった。

ただし、二つの途のあいだには、ひとつ大きな違いがある。資本家が「やる気になる」のは資本主義のほうだ、という点である。みずからが生産管理機能を担うがゆえに工夫の余地があり、また、経営改善や技術革新などによって生産性を上昇させれば、みずからの分配分ひいては利益が増えるからだ。

こうして、ファミリービジネス経営を脱し、さらに小作制度・問屋制度ではなく資本主義を選択した経営者のなかから、本格的に経営規模を拡大する経営者が登場する。ファミリービジネスが優越する時代が終わり、経済システムが変化しはじめるときにあって、この変化を主導的に担う位置にあったのは、資本主義を選択した資本家（と、労働を担う人びと）だった。

この経済システムの変化は、経済の次元のみならず、政治、社会、文化、さらには環境といったさまざまな次元に影響を与え、変容をもたらすことになる。いうまでもなく、産業革命である。

読書案内

ファミリービジネスの両極分解という論点は、大塚久雄や、彼が主導した比較経済史学派の所説の中核をなしている。それゆえ、関連文献は山ほどあるが、それらの原点といってよいのが大塚［1981］。ついでに、大塚の所説に対する評価については、代表的なものとして、小谷［1982］、中野［2001］、恒木［2013］がある。このうち中野［2001］における（唐突感があるかもしれないが、じつは大塚に対する評価と論理的に一貫している）「ボランティアと動員」の関係をめぐる分析と評価は、秀逸かつ重要で、必読。

小作制度については、土地所有者たる地主が小作農と取結ぶ関係（地主小作関係、地主制度）をめぐって、第二次世界大戦後しばらくのあいだ、経済史学のみならず、法社会学や民法学の領域で研究と論争が進められた。もちろん、その背景には、戦後日本の農地改革はいかに進められるべきか、いかに評価するべきか、といった実践的な問題関心があった。代表的な業績としては、学術書になるが、前者については吉岡［1967］、後者については稲本他［1979］、戒能［1980］、原田［1980］がある。小作制度のモデル化については、とりあえず岡崎［2016］を参照。

リスクやインセンティヴは、かつての経済学ではあまり取扱われなかった主題であるが、一九七〇年代から「情報の経済学」と呼ばれる新しい潮流が人口に膾炙するなかで、その重要性が認識されるようになった。情報の経済学では、初期の新古典派経済学が「完備情報」すなわち経済アクターは全員が必要なあらゆる情報をもっているという状態を仮定したのに対し、アクターが完全な情報をもっていない状態（不完備情報）や、アクター間で情報の量と質に差がある状態（非対称情報）を仮設し、その場合にどんな事態が生じるかについて、急速な成長をとげてきたゲーム理論などを利用しつつ分析が進められている。情報の経済学のもっともわかりやすい説明として、藪下［2002］を参照。

ちなみに、初期の新古典派経済学は、この「完備情報」のほか、市場ではアクター間で完全に自由な競争がなされているという「完全競争」、そしてアクターは完全に合理的に行動するという「完全合理性」という、いわば三つの「完全」を仮定し、しばしば論敵や非専門家から「現実離れ」しているとして批判された。そして、その後の経済学の歴史においては、これらの仮定をゆるめるかたちで、不完全競争（や独占）の理論や、限定合理性の理論といった新しい分析枠組が構築されてきた。

ただし、このことは、「限界革命三人組」をはじめとする初期の新古典派の経済学者たちがホントに「現実離れ」しており、本気で「三つの完全」の実在を信じていたことを意味するわけではない。彼らは、まずもって、理想的な状態たる「三つの完全」を仮定して分析することから始め、ついで、これら仮定を緩和して分析を深化させる、という手続に則って、みずからの研究を進めたにすぎない。仮定を緩和した分析は後の世代に託されざるをえなかったし、これ以外にも適切な手続はありうるが、この手続自体はすぐれて科学的かつ合理的なものであり、それを採用したことは批判されるべきではない。

第6章　産業革命

マルサスの罠

ファミリービジネス経営者の両極分解によって資本家が誕生し、彼らの一部は宗教的な要因などさまざまな理由から「リスクも高いがインセンティヴも高い」資本主義という生産形態を選択した。彼らは、新しい技術の導入や生産管理マネジメントの緻密化などを進めることにより、みずからの利益の拡大と、ひいては経営規模の拡大をめざして行動してゆく。国家や社会など、ある経済システムにおいて生産される財の量が増えることを一般に「経済成長」と呼ぶが、これにより、経済アクターの次元では経済成長の前提条件が整ったといえるだろう。

ただし、経済システムの総体の次元でみると、アクターの次元で資本主義的な経済行動が普及したからといって、ただちに経済成長が始まるわけではない。経済システムには、経済成長が始まるとその進展を妨げ、持続的な成長を難しくするメカニズムが内包されているからだ。

まず、経済成長のプロセスを確認しておこう。経営の意欲に燃える資本家が増えるなどの理由で、財の供給が増加する。財の供給の増加は、生産に携わる人びとの収入を増加させる。収入の増加は、財の需要の増加すなわち市場の拡大を意味する。この事態は生産活動を拡大する誘因となり、財の供給はさらに増加する。こうして財の供給の増加と需要の増加が相互に誘発しあい、財の消費と生産がらせん状に拡大することにより、経済成長は加速してゆく——はずである。

しかしながら、このプロセスは問題を孕んでいる。

人びとにとって、経済成長にともなう収入の増加は生活水準の向上をもたらすから、彼らは（独身であれば結婚して）子供を産むだろう。経済システム総体でみれば、これは人口の増加を意味する。もしも人口の増加の速度や割合が、生産される財の増加の速度や割合を上回れば、一人あたりの財の量は減少する。人びとにとってみれば、これは生活水準が低下に転じることを意味する。彼らは、ただちに財の需要を減らす。というよりも、需要を減らさざるをえない。市場は縮小し、財の生産を拡大する誘因は消滅し、財の供給は減少し、経済システムは元の状態に戻る。

さらにいえば、人口の増加の速度や割合が、財の増加の速度や割合を大幅に上回る場合、人びとの生活水準は経済成長が始まる前よりも悪化する。市場は、かつての規模をこえて縮小するだろう。経済システムは、元の状態に戻るのではなく、元の状態よりも衰退してしまう。これではマイナスの経済成長である。

人口の増加には、もうひとつ問題点がある。人口増加に対応するには財の供給を増やさなければならないが、そのためには材料の加工に必要な薪木や水力（水車）などエネルギー源の利用を増やす必要がある。ところが、エネルギー源には、これまた「限界収入逓減」の法則があてはまる。

エネルギー源は投入物（インプット）であり、投入物について「収入」を語るのは奇妙に聞こえるかもしれないが、要するに、資本家は合理的に行動するので、一番良質なエネルギー源から利用しはじめ、それがなくなったら、ちょっと質が落ちるものの利用に切替え、それもなくなったら、さらに低質のものをやむなく利用する、ということだ。質が落ちるから、生産性は低下し、同じ量を投入しても、生産される財の量、さらにはその販売から得られる収入は少なくなる。しかも、エネルギー源についていえば、そもそも薪木や水力（水車）には、エネルギー効率が悪いという問題がある。

限界収入が逓減してゆけば、供給を増加させるインセンティヴは低下する。このメカニズムが機能しつづければ、やがて経済成長は停止に至る。まとめると、経済成長の開始によって人口が増加すると、エネルギー源の利用が増えるが、その質と量に問題があり、限界収入が逓減するため、やがて経済成長は停止してしまう。ここにも、経済成長の持続を阻むメカニズムがみてとれる。

経済成長がもたらす人口の増加が、それ以上の経済成長を不可能とする――このメカニズムは、一八世紀末から一九世紀前半にかけてイギリスで活躍し、経済システムの分析に人口という要因をとりいれた経済学者ロバート・マルサスの名をとり、今日では「マルサスの罠」と呼ばれている。歴史を顧みると、マルサスの罠は、一六世紀から一八世紀に至るイギリスなど、各地でみてとれる。

持続的な経済成長を実現するには、マルサスの罠、つまり人口増加が制約要因として機能するメカニズムを打破することが必要である。それでは、打破の手段たりうるものはなにか。また、歴史上、この手段は実際に登場したのか。

ソローモデルを構築する

これら疑問に答えるためには、まず、経済成長をモデル化し、いかなる要因がいかなる作用を及ぼすかに着目しながら、そのメカニズムを明らかにすることが必要だろう。具体的には、経済システムの総体について経済成長モデルを構築し、分析し、政策的含意を導出する、という作業である。この作業は「経済成長論」と呼ばれるが、今日、経済成長論はマクロ経済学の重要な構成要素をなしている。

ここでは、経済成長のもっとも基本的なモデルとして、一九五〇年代に経済学者ロバート・ソローが構築した通称「ソローモデル」を取上げる。ばんばん数式が出るが、気合で乗切ろう。ぼくも数学……どころか算数すら苦手なので、ここで「ええぇっ」と思った読者諸賢は「わが友」である。

それでは、まずモデルを構築する。「モデルを構築する」なんて聞くと、ちょっと動揺するかもしれないが、とどのつまりは、式を作って変形するというだけのことだ。

式の立式と変形に際して大切なのは、変形の目的をどこに設定するか、最初の式としてどんな式を立てるか、この二つである。

第一に、変形の目的。変形の目的は「なにを知りたいか、なにを明らかにしたいか」によって定まる。ぼくらが知りたいのは経済成長のメカニズムだが、これだけだと曖昧すぎるので、経済成長の指標（メルクマール）を考えよう。経済成長とは財の量［Y］が増えることだが、人口が多い経済システムと少ない経済システムでは、同量の財が生産されていても豊かさは異なる。つまり、問題なのは一人あたり財の量［y］、もうちょっというと一人あたり財の量の増加分［増加分を表す場合はデルタ（Δ）という記号をつけるので、Δy］である。そうすると、変形の目的は「一人あたり財の量はどう動くか、つまり一人あたり財の量の増加分は、どんなメカニズムで、どんな要因に規定されながら決まるか」となる。以下では「**数式表**」を参照しながら、話を進める。

第二に、最初の式。経済成長とは経済システム総体における財の量［Y］の増加だったから、その生産を表す式、通称「マクロ生産関数」ならば、出発点として悪くないだろう。なお、簡略化のために、財の量［Y］は、投入される資本の量［K］、投入される労働の量［L］、そして技術水準［A］によって決まると仮定する。財の量は資本と労働と技術水準の関数であり、資本と労働と技術水準が独立変数（決める側の量）、財の量が従属変数（決められる側の量）である、と考えるわけだ。このうち技術水準は、とりあえず一定とする。このマクロ生産関数は式(1)として表せる。

ここで、さらなる簡略化のために、仮定を二つ追加する。第一に、技術水準が二倍になったら、財の生産量も二倍となる。これは、なんとなく理解できると思う。第二に、この生産関数は「規模に関して収穫一定」である。「規模に関して収穫一定」といわれても困るかもしれないが、これは「生産の規模すなわち労働と資本の投入量は、収穫つまり生産される財の量と比例する」という意味だ。たとえば、投入する資本と労働の量を二倍にしたら、生産される財の量も二倍になる。工場をもう一つ作ったら生産量が倍になった、という感じ。式で表すと、式(2)となる。

さて、さっきいったとおり、問題なのは「一人あたり財の量」だから、マクロ生産関数で議論してもしかたがない。したがって、同関数を一人あたり生産関数に変形しなければならない。

数式表

(1)　$Y=A\times F(K, L)$

(2)　$A\times F(rK, rL)=r\times A\times F(K, L)$

(3)　$y=\frac{Y}{L}=\frac{1}{L}\times A\times F(K, L)=A\times F(\frac{K}{L}, 1)$

(4)　$y=A\times f(k)$

(5)　$I=S=s\times Y$

(6)　$\frac{\Delta L}{L}=n$

(7)　$\Delta K=I-d\times K$

(8)　$\log k=\log(\frac{K}{L})=\log K(t)-\log L(t)$

(9)　$\frac{d\log k}{dt}=\frac{d\log k}{dk}\times\frac{dk}{dt}=\frac{1}{k}\times\Delta k=\frac{\Delta k}{k}$

(10)　$\frac{d\log K}{dK}\times\frac{dK}{dt}-\frac{d\log L}{dL}\times\frac{dL}{dt}=\frac{\Delta K}{K}-\frac{\Delta L}{L}$

(11)　$\frac{\Delta k}{k}=\frac{\Delta K}{K}-\frac{\Delta L}{L}$

(12)　$\frac{\Delta k}{k}=\frac{(I-d\times K)}{K}-n=\frac{(s\times Y-d\times K)}{K}-n=\frac{s\times Y}{K}-(n+d)$

(13)　$\Delta k=(\frac{s\times Y}{K})\times k-(n+d)\times k=(\frac{s\times Y}{K})\times(\frac{K}{L})-(n+d)k$

$=(\frac{Y}{L})\times s-(n+d)\times k=s\times y-(n+d)\times k$

(14)　$\Delta k=s\times y(k)-(n+d)\times k$

式(1)の左辺を一人あたり財の量にしたいわけだ。式(1)の両辺を労働投入量［L］で割ればわかるとおり、一人あたり財の量［y、すなわちY/L］は、一人あたり資本の量［k、すなわちK/L］と技術水準の関数となる。つまり、一人あたり生産関数は式(3)となり、もうちょっと整理すると式(4)で表せる。

つぎに、この関数のかたちを調べよう。ぼくらは資本を投入して生産するわけだが、当然ながら最初は一番良い資本を投入する。そのあとは、徐々に質が落ちてゆくので、資本の投入量を増やすと、生産される財の量は「増えるが、増えかたは減ってゆく」ということになる。最後の一単位の財に関する生産性は徐々に低下する、ということだ。なんとなく既視感があると思うが、これを「資本の限界生産性は逓減する」と呼ぶ。また一人あたり資本がゼロ［k=0］なら、当然ながら、一人あたり財の量はゼロ［y=0］である。まとめると、横軸に一人あたり資本［k］をとり、縦軸に一人あたり財［y］をとる直交座標を考えると、労働者一人あたり生産関数は、原点を通り、右上がりだが、勾配はだんだんゆるくなる、という性格をもった曲線を描く［**図6・1**］。

ここで、マクロ生産関数の変形を続けるために、三つの定義を導入する。

第一に、貯蓄率［s］を考えると、生産された財の量に貯蓄率をかけると貯蓄が算出できる［$S=s \times Y$］。また、生産された財［Y］は消費［C］されるか貯蓄［S］されるが、このうち消費される部分［C］は消失してしまうので、投資［I］にまわせるのは貯蓄［S］である。以上をまとめると式(5)となる。

第二に、資本主義が広まると偽装失業はなくなるので、労働市場は均衡する。投入される労働の量［L］は人口［N］と比例する［$L=a\times N$（aは比例を表す係数で一定)］ということだ。そうすると、労働の量の増加率［$\Delta L/L$］は人口成長率［n］と等しくなる。これは、式で表すと式(6)となる。

第三に、資本の増加分［ΔK］を考えると、これは、投資［I］から、資本が減耗する割合を表す減耗率［d］に資本［K］をかけあわせた資本減耗分［$d\times K$］をひいたものになる。これは、式で表すと式(7)となる。

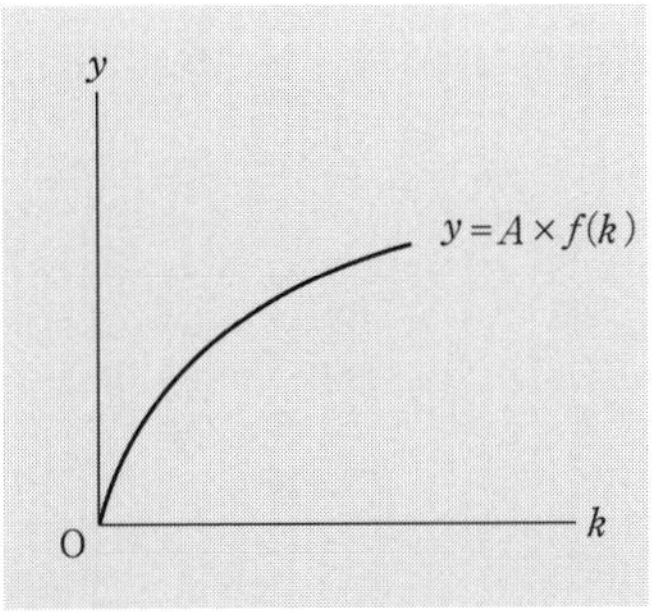

図6・1

これら三つの定義に登場した貯蓄率［s］、人口成長率［n］、そして資本の減耗率［d］は、マクロ生産関数における独立変数の大小や変化には左右されない。このような数を「外生変数」と呼ぶ。

さて、そろそろ、この辺で「ぼくらはなにをやってるんだ？」という気分になってきた人も多いと思うので、式の変形の目的を思いだしてほしい。ぼくらの目的は「一人あたり財の量［y］はどう変化するか」だった。ところで一人あたり財の量は、一人あたり資本［k］の関数に、大きさはとりあえず一定と考えられている技術水準をかけたもの［$y=A\times f(k)$］だったから、一人あたり資本［k］の動きがわかればオッケーだろう。とくに知りたいのは、時間がたつにつれて、一人あたり資本の増加分［$\Delta k=\frac{dk}{dt}$］、さらにいえば一人あたり資本の増加率［$\frac{\Delta k}{k}=\frac{1}{k}\times\frac{dk}{dt}$］がどう変化するか、である。

増加率の時間的な変化を知りたいときは「自然対数をとって時間［t］で微分する」というのがお約束である。「自然対数をとって微分すると、元の数の逆数になる［$\frac{d\log k}{dk}=\frac{1}{k}$］」という公式が使えるからだ。なぜそうなるかは秘密である――じゃなくて「とにかく、そうなる」と覚えよう。ついでに、底が自然対数なので、正確には「log」ではなくて「ln」と書くらしいが、ここでは大勢に影響なしということで、使いなれた記号でゆく。

それでは、一人あたり資本［k］を、自然対数をとったうえで、時間［t］で微分してみよう。一人あたり資本は資本を労働で割ったもの［$k=\frac{K}{L}$］だが、資本と労働は時間によって変化する、すなわち時間の関数［$K=K(t), L=L(t)$］なので、対数をとると式(8)となる。

式(8)を時間［t］で微分すると、左辺は式(9)、右辺は式(10)のように、おのおの整理できる。両辺は等しいから、式(9)と式(10)は等号で結ぶことができ、かくして式(11)ができる。

この式に、先ほど導入した三つの定義を代入してみよう。ちなみに、代入する目的は、財の量［Y］や資本［K］や労働［L］はなんだかよくわからん変数なので、とりあえず一定と考えてよい外生変数である人口成長率［n］や資本の減耗率［d］や貯蓄率［s］に置換することにある。式⑾は式⑿に、そして式⒀に、さらには式⒁に整理できる。式⒁は、これ以上は簡単にできそうもないので、これでようやく変形が終わったと宣言してよさそうだ。こうして出来上がった式⒁を「ソロー方程式」と呼ぶ。

　この方程式が、件のソローモデルにほかならない。

ソローモデルを分析する

　しかし、方程式を一本提示されて「これがモデルです」といわれても、ピンと来ない人のほうが多いだろう。ぼくも、はずかしながら、その一人である。

　とりあえず、目を皿のようにして、ない知恵をふりしぼって、よくみてみると、ソロー方程式すなわち式⒁の左辺は一人あたり資本の増加分［Δk］なので、これは、一人あたり資本の増加分がどのように決定されるかという方程式であることがわかる。ただし、式⑷からわかるとおり、一人あたり資本は一人あたり財の量を規定する（つまり、一人あたり財の量は一人あたり資本の関数である）ので、ソロー方程式は、間接的にではあるが、一人あたり財の量の増加分の決まりかたを表している。

　なお、経済成長とは財の量が増えて人びとが豊かになることだったが、人びとの豊かさを考える際は、経済システム総体で議論しても意味がない。重要なのは、一人あたりの財の量である。また、成長とは「量が大きいこと」あるいは「豊かであること」という「状態」ではなく「増えること」あるいは「豊かになること」という「動作」を意味するから、重要なのは「財の量」ではなく「財の量の増加分」である。

そう考えると、式⑭は、経済成長を表現する式として、さらには経済成長のありかたを考える際に重要な一人あたり財の量の増加分を算出する方程式として、適切であるといってよい。

つぎに、右辺をみてみると、そこには一人あたり資本［k］が含まれている。左辺には一人あたり資本の増加分［Δk］が含まれているから、これは、ある変数と、その変数を微分することによって導出される微分係数すなわち変化分の双方を含む式である。こんなかたちをした方程式を「微分方程式」と呼ぶ。

ソローモデルは、経済成長を微分方程式として表現したものである。そう聞くと、どことなくありがたみが出てくるが、残念なことに、じつは、微分方程式を解くのは難しい――というか、ぼくも十分にはわかっていない。

ところが。

ソローモデルのすごさは、じつは、その先にある。ソローモデルを表現する式⑭すなわちソロー方程式は、直交座標をもちいた図を使うだけで、かなりのことがわかるようになっている。つまり、同モデルは視覚的（ビジュアル）に分析できるのだ。さらに、そこから、いろいろと実践的で政策的な含意が導出できる、というオマケ付きである。

さて、そろそろ、実際にソロー方程式を分析し、さらには政策的含意を導出してみよう。縦軸に一人あたり資本の増加量［Δk］、横軸に一人あたり資本［k］をとった直交座標を考える。ソロー方程式は、この直交座標上では、左辺は縦軸の大きさ［Δk］で表現されるし、右辺は横軸の大きさ［k］を含んだ式となるので、一人あたり資本の増加量［Δk］と一人あたり資本［k］の関数として表現される。

この関数はどんな曲線を描くのか。

まずソロー方程式の右辺の前半を考える。右辺の前半は一人あたり生産関数［$y(k)$］に貯蓄率［s］をかけたものだが、貯蓄率はゼロから一までの値をとるので、右辺の前半［$s \times y(k) = s \times A \times f(k)$］は一人あたり生産関数［$y(k) = A \times f(k)$］を一定割合すなわち貯蓄率の値［$s$］で下方に縮小した曲線となる［**図6・2**］。ちなみに、この曲線の縦座標の値が一人あたり貯蓄（したがって一人あたり投資）、一人あたり生産関数とこの曲線の縦座標の差が一人あたり消費となる。

つぎに右辺の後半［$(n+d) \times k$］を考える。このうち人口成長率［n］と減耗率［d］は外生変数、つまりとりあえず一定なので、右辺の後半は、原点を通り、傾きが一定［$(n+d)$］の直線となる［**図6・3**］。

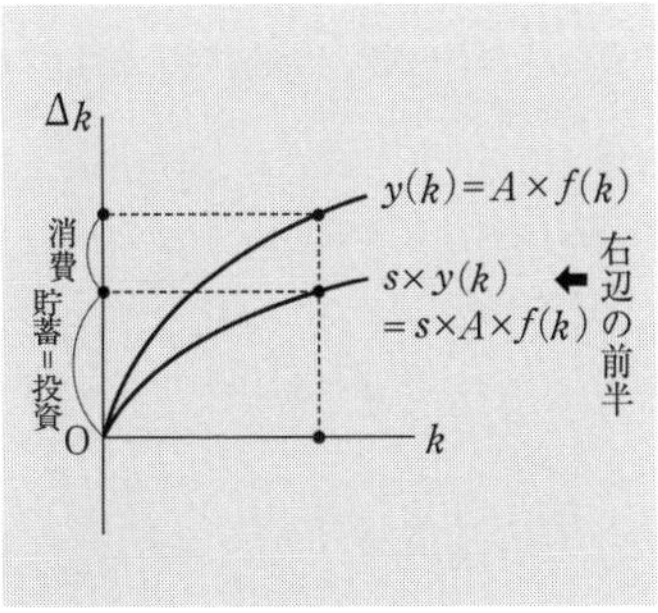

図6・2

ここで右辺の前半から後半をひくと左辺、すなわち一人あたり資本の増加量［Δk］となる。右辺の前半は曲線だが、後半は直線なので、左辺は、縦座標について右辺の前半の値から後半の値を引いて出来る曲線、つまり右辺の前半の曲線を後半の直線の分だけ引いて下方にシフトさせた曲線となる。右辺の前半と後半が交わる点をE^*［$E^*(k^*, \Delta k^*)$］とすると、左辺は横座標がk^*となる点で横軸と交わる。まとめると、一人あたり資本増加量［Δk］は、原点を通り、しばらく増加し、それやがて減少に転じ、横座標がk^*となる点でゼロとなり、それ以降は負の値をとる曲線を描く［図6・4］。この曲線が、ソロー方程式つまりソローモデルを視覚的に表現したものである。

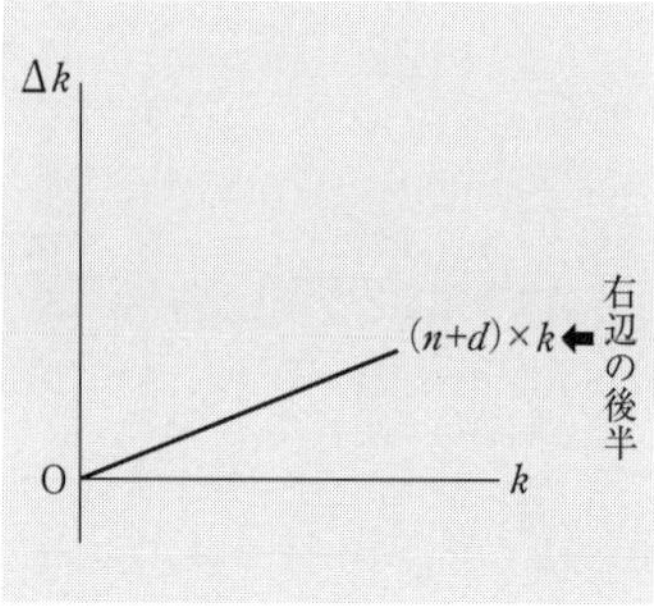

図6・3

それでは、ソロー方程式はどんな特徴をもっているのか［図6・5］。

ソロー方程式を表す曲線が横軸と交わる点（k^*、0）を考えてみよう。横軸と交わるということは、縦軸の値すなわち一人あたり資本の増加量［Δk］がゼロということを意味するから、この点では、一人あたり資本［k］、さらには一人あたり資本の関数である一人あたり財の量［$y(k)$］は、増えも減りもしない。これに対して、一人あたり資本［k］がk^*より小さい場合［$k<k^*$］は、縦軸すなわち一人あたり資本の増加量［Δk］は正なので、一人あたり資本［k］は

増加し、図の上では右にむかう。他方、一人あたり資本［k］がk^*より大きい場合［$k>k^*$］は、縦軸すなわち一人あたり資本の増加量［Δk］は負なので、一人あたり資本［k］は減少し、図の上では左にむかう。

結局、一人あたり資本［k］はつねにk^*にむかって動き、ここで収束し、安定する。一人あたり財の量は、ここまでは増加するが、これ以上は増加しないし、ここまでは減少するが、これ以上は減少しない。もちろん、なんらかの偶然的なショックにより、一時的にk^*より大きくなったり小さくなったりすることはあるかもしれないが、その場合も逆むきの力が働き、しばらくするとkはもとのk^*に戻ってしまう。その意味で、k^*は均衡点である。

まとめると、ソロー方程式は「どんな経済システムでも、ある水準［$k=k^*$］までは成長する」ことを表している。

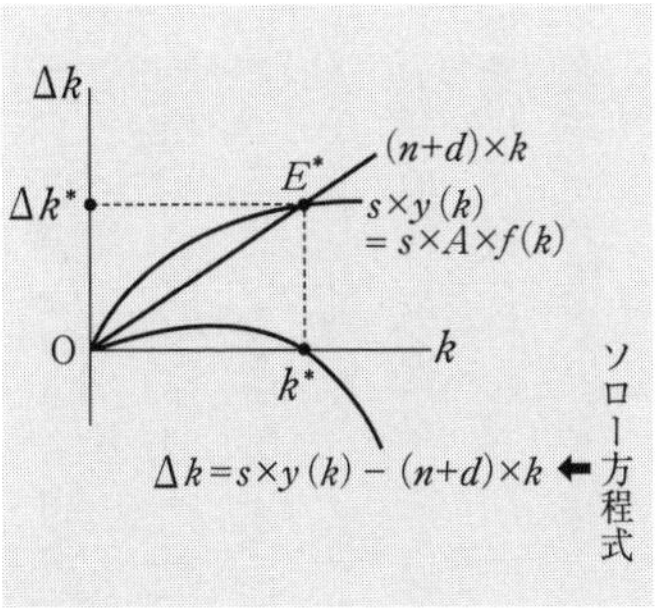

図6・4

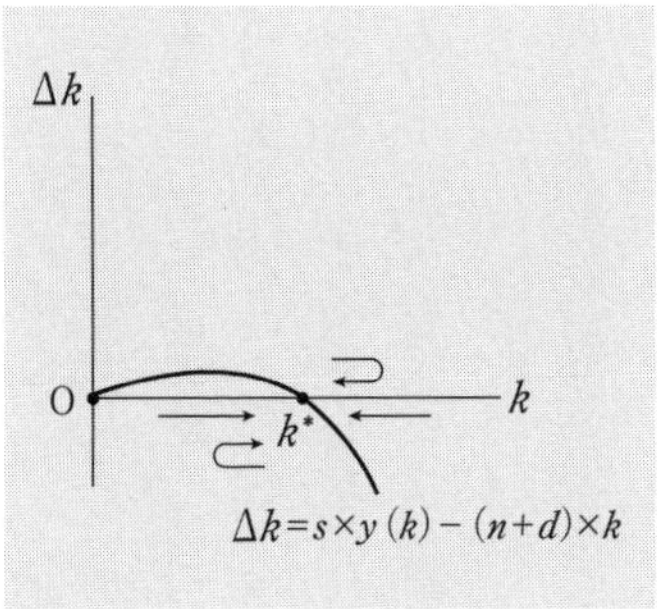

図6・5

ソローモデルの政策的含意

ただし、この点［k^*］が実現する一人あたり財の量［y^*］が、その経済システムのメンバーにとって満足できる水準にあるという保証はない。もうちょっと経済成長したいと思う場合もあるかもしれないし、そう思う人が多数になるかもしれない。一人あたり財の量［y^*］を増やし、経済成長の到達点をひきあげる、つまり、図でいうと均衡点［k^*］を右に移動させる政策はないのか。

資本や労働といった独立変数をなんらかのかたちで操作することによって均衡点を移動させるのは、ムリである。たとえば一人あたり資本を増やしても、また均衡点に戻ってしまうからだ。そうだとすると、均衡点を移動させるには、これまではとりあえず一定と考えていた外生変数、つまり貯蓄率［s］、人口成長率［n］、資本の減耗率［d］、そして技術水準［A］に手をつけるしかない。

まず貯蓄率だが、貯蓄率を上げると、ソロー方程式の右辺の前半を表す曲線［$s \times A \times f(k)$］が上方にシフトする［$s' \times A \times f(k)$］ので、均衡点［k^*］は右方［k^{**}］に移動する［図６・６］。その政策的な含意は「強制貯蓄制度を導入せよ」である。けっこう実行している国があるし、第二次世界大戦後の高度成長期の日本における貯蓄率の高さは有名だが、しかし、貯蓄率を上げすぎると、消費が減り、国内市場が縮小する危険があるので、導入には慎重な検討と充分な事前準備が必要だろう。

つぎに人口成長率だが、人口成長率を下げると、ソロー方程式の右辺の後半を表す直線［$(n+d)\times k$］が下方にシフトする［$(n'+d)\times k$］するので、均衡点［k^*］は右方［k^{***}］に移動する［**図6・7**］。その政策的含意は「産児制限せよ」である。中国の一人っ子政策が有名だが、しかし、人口成長率を下げすぎると、将来、消費が減って国内市場が縮小し、また、労働供給が不足する危険があるので、これは気安く導入できる類いのものではない。

今度は資本の減耗率だが、減耗率を下げる［d'］と、人口成長率を下げるのと同様のメカニズムが働き、均衡点は右方［k^{***}］に移動する。その政策的含意は「丈夫な機械を作れ」だが、これは一般にムリまたは困難といわれている。

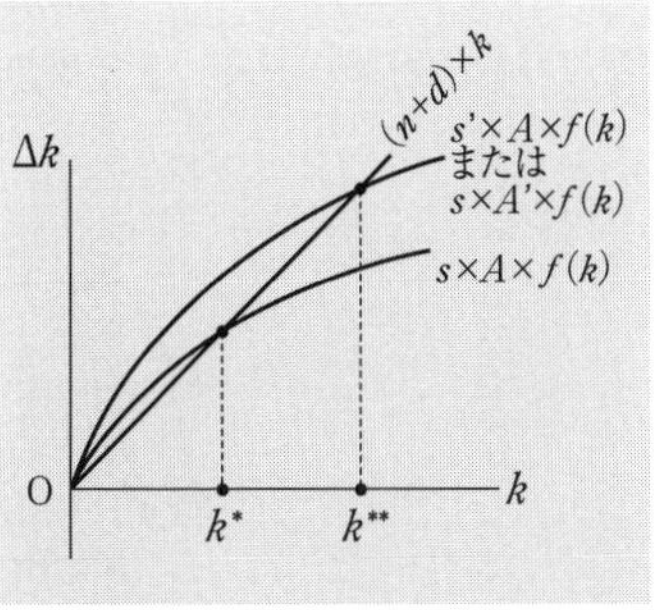

図6・6

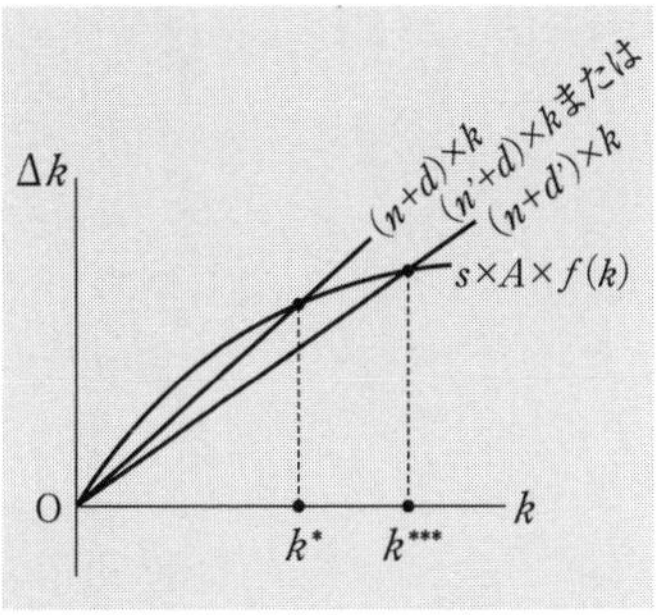

図6・7

最後に残ったのは技術水準だが、技術水準を上げる［A'］と、貯蓄率を上げるのと同様のメカニズムが働き、均衡点［k^*］は右方［k^{**}］に移動する［**ふたたび図6・6**］。その政策的な含意は「技術革新を目指せ」である。さらにいうと、持続的な技術革新が実現できると、均衡点もまた持続的に右方に移動し、一人あたり財の量は持続的に増加する。経済成長政策としては、貯蓄率や人口成長率や資本減耗率に手をつける政策の副作用や困難度を考えると、これがもっともムリのない政策だといえる。

ソローモデルが教えるところによれば、マルサスの罠を打破し、持続的な経済成長を実現するには、なによりもまず技術革新が重要であり、必要なのである。

それでは、実際はどうだったのか。

イギリス産業革命

一八世紀半ばから後半にかけて、イギリスでは、とりわけ工業の領域で技術革新が連鎖的かつ自足的に生じ、経済のみならず政治・社会・文化の各領域など人びとの生活の総体をおおきく変える、という事態が生じた。この事態は、そのインパクトの大きさを勘案して、のちに「産業革命（industrial revolution）」と呼ばれることになる。

世界最初の産業革命たるイギリス産業革命は綿工業の分野で始まったが、この分野で始まったことには理由があった。

一六世紀になって大航海時代が本格化し、世界の一体化が進むなかで、ヨーロッパ諸国は、南北アメリカや、インドや中国などアジアと交易を拡大および深化させてゆくが、そのプロセスで「アジアに売るものがない」という問題に直面することになった。

すなわち、南北アメリカ交易については、問題はなかった。ヨーロッパからアフリカに武器などを輸出し、アフリカから南北アメリカに黒人奴隷を輸出し、南北アメリカからヨーロッパに砂糖や綿花を輸入するという三角形の交易システム（大西洋三角貿易）を整備することに成功していたからである。

これに対してアジア交易をみると、インドからは綿布（キャラコ）が輸入され、その軽さ、薄さ、そして肌合いの良さで、一大ブームをまきおこした。中国からは茶や陶磁器が輸入され、これまた人気を博した。ところが、ヨーロッパには、その対価としてアジアに輸出できる産品がなかった。しかたなく、ヨーロッパ諸国は代金を銀など貴金属で支払うことになった。

国家の次元でいうと、これは、一八世紀にかけて各国の経済政策を支配した経済思想である重商主義（mercantilism）に反する事態だった。重商主義においては、国家が保有する貴金属の量こそ、その国の経済的さらには政治的な力の源であり、それゆえ貴金属の海外流出は避けるべきとされていたからである。

個人、とりわけ生産者の次元でみると、これは大きなビジネスチャンスが眼前に存在していることを意味した。輸入品を国内で生産して供給することは「輸入代替」と呼ばれるが、綿布、綿布の原材料たる綿糸・綿花、茶、あるいは陶磁器を生産する技術を開発して実用化し、これら産品の輸入代替に成功すれば、膨大な利益が期待できたからである。もっとも、綿花や茶をヨーロッパで生産することは、気候条件を考えると難しい。したがって、目指すべきターゲットは、綿布・綿糸、または陶磁器である。

かくして、綿工業や陶磁器業を中心として、ヨーロッパ各地で技術革新の試みが始まることになった。これらの試みがはじめて大規模かつ連鎖的なかたちで成功したのが、一八世紀イギリスにおける綿工業である。

イギリス綿工業における産業革命は、まず綿布業の分野で始まり、織機の改良が進んだ。これによって綿布業の生産性が上昇し、材料たる綿糸の供給が不足したため、今度は綿糸業における技術革新のインセンティヴが高まり、紡績機の改良が実現された。これによって綿糸の価格が低下したため、再度、綿布業における技術革新のインセンティヴが高まり、織機の改良が一層進むことになった。イギリス綿工業では、技術革新がらせん状に実現されるなかで、産業革命が進行したのである。

さらに、綿工業分野における技術革新の進行は、他の分野に飛び火せざるをえない。とりわけ、綿工業のために開発された機械を供給する機械製造業や、動力源や動力装置を供給するエネルギー産業などである。これらの産業でも、積極的な研究開発投資が進められ、多種多様な機械の開発や、新しいエネルギー源の使用が試みられた。

産業革命の帰結として留意するべきは、以下の三点である。

第一に、機械製造業の分野では、生産性の高い製造機械の開発、鉄の利用による耐久性向上、各種機械の大規模化などが進められた。

機械の大規模化は、生産単位の大規模化をもたらし、大人数の賃金労働者が生産場に集まり、機械を利用して大量生産をおこなうという生産のありかた、すなわち工場制度の導入をもたらした。賃金労働者が工場で生活することは不可能だから、これは職場と住居が分離されること（職住分離）を意味する。賃金労働者の職住分離は、住宅地で暮らして子供を育て、職場に通勤し、賃金を得て食料など生活必需品を買うという、新しいライフスタイルをもたらした。

機械の導入による生産性の上昇は、生産される財の増加が人口の増加を上回り、したがって賃金労働者の生活水準が持続的に上昇することを可能とした。実際、イギリスでは、一八世紀以来人口が持続的に増加していたが、同世紀中はそれにともなって賃金の低下と物価の上昇がみられたのに対して、一九世紀に入って産業革命の影響が明確化すると、賃金の上昇と物価の低下が基本的な趨勢となった。

第二に、エネルギー産業における技術革新は、エネルギー源に「限界収入逓減」の法則が働くという前述のメカニズムを打破し、持続的な経済成長の前提条件を整備した。その意味で、産業革命はエネルギー革命でもあった。

具体的には、蒸気機関が発明および改良され、当時としては無尽蔵な量が存在していた石炭などの化石燃料が利用できるようになった。これにより、人口が増えてエネルギー源の必要量が増加しても、効率の低いエネルギー源を利用する必要がなくなったため、人口の増加が賃金の上昇や物価の低下と両立可能になった。

こうして、経済システムの総体全体からみれば、市場の急速な拡大つまり持続的な経済成長、経済アクターからみれば、日常生活における生活水準の安定的な向上、という現象が生じた。

第三に、技術革新が社会的重要性を増すにつれて、技術革新を生みだす知的能力や、知的能力の育成や伝達をつかさどる教育や学校が重視されるようになった。子供に高い教育を受けさせるにはカネがかかるから、子供の知的能力や学歴を向上させるためには、なによりもまず子供の数を減らさなければならない。こうして「少子高学歴化」を目指すという心性が生まれ、エリート層から徐々に下層にむけて広まりはじめた。この心性は、人口増加に対するブレーキとして機能することになる。

こういった産業革命の帰結を経て、「経済成長が人口増加をもたらすが、この人口増加が経済成長を妨げる」というメカニズムたるマルサスの罠は姿を消してゆく。その契機となったのは、産業革命の中核に位置する技術革新だった。

マルサスの罠を打破し、持続的な経済成長を実現したのは、技術革新だった。したがって、ソローモデルの含意は妥当なものだといってよいだろう。

日本の経験

イギリス産業革命は、おもに工業における技術革新と、それにともなう生産性の急速な上昇をもたらした。イギリス以外の諸国・諸地域にとっては、この事態に適切に対応することが急務となった。放置しておけば、イギリス工業の原料供給地にして製品市場となり、経済的さらには政治的なプレゼンスを低下させざるをえないからである。

かくして、世界各地において、ノウハウ（機械、エンジニア、知識）の輸入、技術革新に必要な資金を供給する銀行など金融機関の制度的な整備、国家による技術革新の政策的促進、技術革新に必要な時間を国内産業に確保するための保護関税制度の導入など、さまざまな手段をもちいて技術革新を実現し、イギリスにキャッチアップする試みが始まった。

それでは、日本はどうだったか。

一八世紀の日本は、人口の停滞に直面していた。江戸時代前期の経済成長によって人口が増加した結果、「限界収入逓減」法則が機能し、生活水準が悪化したからである。これはまさに、マルサスの罠にはまった典型的な状況である。

この事態に対し、当時の日本人は、技術革新を試みるのではなく、従来の技術をもちいつつ「勤勉に働く」すなわち労働投入量を増加させることで対応した。その結果として生産性は上昇し、世紀後半には、日本はマルサスの罠を脱却するに至った。この現象は、産業革命

(industrial revolution) と英語で語呂合わせすることも考えて「勤勉革命 (industrious revolution)」と呼ばれている。

ただし、一九世紀に入って開国を余儀なくされたとき、日本が直面したのは、欧米諸国との生産性の格差が、勤勉革命などではとても対応できないほど拡大しているという事実だった。しかも時代は植民地主義・帝国主義の時代に突入しつつあり、生産性の劣位はただちに植民地化の危機を意味した。ここに、勤勉革命は舞台の前面から姿を消し、産業革命こそが第一の課題となった。

明治維新を経て、お雇い外国人の招聘、官営工場の建設、鹿鳴館の舞踏会、帝国大学の設立など、欧米の技術を輸入して産業革命を推進するための諸政策が一気に進められた。その甲斐あって、日本は急速な技術革新を実現し、ほぼ二〇世紀初頭には産業革命を完了したといわれている。そして、そのかいあってか、植民地化を回避することに成功した。さらには、植民地を獲得するべく海外に進出し、半世紀後の悲劇を準備するに至った。

それでは、勤勉革命は一九世紀以降の日本の歩みに対してなんの影響も与えなかったのか、といえば、そうではない。勤勉革命によって蓄積された財のストックや、勤勉革命によって育まれた「勤勉に働く」心性や風習は、日本において産業革命が急速に進展したという事態に対して、なんらかの影響を与えていると考えてよいだろう。

政治の領域における産業政策や（脱）植民地化の問題、経済の領域における技術革新の探求、社会の領域における職住分離やファミリービジネスの衰退、文化の領域における科学・技術・教育・学校の重視――日常生活のどの領域においても、ぼくらは産業革命の成果の延長線上を生きている。産業革命のインパクトは、それほど大きなものだった。産業革命は「革命」の名にふさわしい事象だったのである。

読書案内

マルサスの罠については、とりあえずノース他［2014］を参照。マルサスが、人口と経済に関するみずからの所説を展開した『人口論』は、邦訳が文庫版（マルサス［2011］）で読めるので、チャレンジは可能である。

ソローモデルはマクロ経済学における重要な成果なので、たいていの教科書に説明がある。それら教科書のなかで、数学（どころか算数）音痴のぼくからみて、もっともわかりやすい説明をしているのは岩田他［2006］である。もっとも、もとが本気（ガチ）で数学的な議論をしているので、理解するには、ある程度の数学的な知識は必要となる――が、ぼくでもなんとなくわかったので、どうにかなるとは思う。なお、そのあたりに自信がある場合は、ソロー自身が経済成長理論を論じた講演録がある（ソロー［2000］）ので、ぜひアタックされたい。

イギリス産業革命の歴史については、それが今日の世界に大きな影響を与えているだけに、日本の内外で多くの研究がなされてきた。それらを個別に紹介するのは、書名を羅列するだけでも大変なので、ここではやめておく。今日の時点で参照しうるすぐれた諸研究の成果にもとづき、産業革命のさまざまな側面を（たった九〇ページで！）コンパクトにまとめて紹介した良書として、長谷川［2012］が必読。産業革命をいかに理解し、評価するかをめぐる学術的な議論と論争の歴史については、馬場他［2001］第四章が詳細に紹介している。エネルギー革命としての産業革命の重要性については、リグリィ［1991］が十全に解きあかし、説得的な議論を展開している。

　イギリス以外の諸国・諸地域における産業革命については、それが「最初の産業革命」でなかったがゆえの「キャッチアップ型」とも呼ぶべき独特の性格がある。キャッチアップ型の産業革命を理論的・実証的に分析したものとして、末廣［2000］やガーシェンクロン［2016］を参照。ちなみにドイツ諸邦の産業革命がもった独自性については、証言として、同時代人である経済学者フリードリヒ・リストの所説（リスト［1970］）を参照。

　勤勉革命論は、一九七〇年代に日本経済史学者・速水融が唱え、世界の経済史学界で大きな反響を呼んだ。その内容は速水［2013］に詳しいが、入手困難。勤勉革命論を受容しつつ、一七世紀から一八世紀に至る日本経済を総説的に描きだそうとする試みとして速水他［1988］があるので、とりあえずこちらを参照。

第7章　企業

企業の時代

産業革命は、一八世紀中葉のイギリスで始まり、同国では一九世紀前半に完了した。そのインパクトはただちに他国・他地域に伝播したが、ことが技術革新という知識・資金・制度の裏づけを要する事態にかかわるものだっただけに、対応には一定の時間が必要だった。いち早くイギリスに追随したのはベルギーとフランスであり、一九世紀前半に産業革命の開始にこぎつけた。両国に次いだのが、世紀後半に産業革命を完了したドイツ諸邦（一八七一年にドイツ帝国として統一）とアメリカ合衆国（以後、合衆国）である。

経済の次元をみると、産業革命は、経営の大規模化と資本主義化を促進した。技術革新によって大規模な機械が発明され、また蒸気機関など内燃機関の改良が進められたが、これらを導入するにはかなりの資金が必要だった。その一方で、大規模な機械が導入されたことにより、大量の労働力を一か所に集中させることが必要となり、また可能となった。こうして、財の生産を担う経営は大規模化し、また、大規模化した経営は、巨額の資金を提供できる資本家が賃金労働者を雇用し、工場で機械を操作して生産労働にあたらせるという資本主義的な性格を強くすることとなった。こうして登場する資本主義型の工場制経営を、ここでは「企業」と呼ぶことにする。

企業は、機械や内燃機関の導入などによって実現された高い生産性を武器とし、残存していたファミリービジネスや、生産管理機能のアウトソーシングにもとづく問屋制度（や農業部門における小作制度）を圧倒した。ファミリービジネスや問屋制度や小作制度が消滅したわけではないが、いまや産業の中核は企業によって担われることになった。産業革命は「企業の時代」をもたらしたのである。

これは、企業が経営規模を拡大する好機を得たことを意味する。ただし、企業の経営規模の拡大には、産業革命が綿工業という消費財産業で始まったという事情を反映して、いくつかの制約があった。ここでは、そのうち二つを挙げておこう。

第一は、歴史的な経緯から生じた制約である。綿工業など消費財産業の場合、一般に、使用される機械は比較的小規模なもので十分である。綿工業についていえば、織機や紡績機が利用されるが、それらの導入に必要な資金や、操作に必要な労働力は、巨額・巨大とはいいがたい程度のものだった。それゆえ、産業革命後の消費財産業では、かつての職人や賃金労働者が資本家となり、企業をおこして経営者化するという現象がみられた。産業革命後の時期にあっては、経済界における立身出世あるいは成り上がりが可能だったが、それは、適切な経営規模がさほど大きくなかったことを意味している。

また、個々の消費財の市場は、けっして大きなものではない。綿産業についていえば、いくら豊かであっても、コットンシャツを一万着購入する人はいないだろう。靴であろうが（かつて靴のコレクションで知られたフィリピン大統領夫人がいたが、それでも千足の単位である）椅子であろうが陶磁器であろうが、事態はかわらない。市場規模をこえて生産および供給することは合理的な行動とはいえないから、市場が大きくなければ、経営規模の過度の拡大は「ありえない」選択である。

もっとも、当時のイギリスなどヨーロッパ諸国の場合は、植民地市場や外国市場に輸出することが可能であり、そのぶん制約は緩かった。ただし、これら市場については、植民地の獲得や財の輸出をめぐる諸国間の競争の対象になりうるし、また植民地や輸出先諸国においても輸入代替化などさまざま手段で輸入に対抗しようとする動きが生じたから、限界があったことにかわりはない。

第二は、経済学にもとづいて想定しうる制約である。これら企業による生産には、例によって「限界収入逓減」の法則が働く、ということだ。

経営者たる資本家は合理的であるため、まずは、もっとも生産性の高い投入物（資源、原材料、労働力など）を利用して財を生産し、供給する。財の市場価格すなわち一単位あたりの収入を一定とすると、価格から生産費用をひいたものが利益となり、資本家の手元に残る。生産を続けると、次の一単位の財の生産に利用できるのは、ちょっと生産性の低い投入物となるので、生産から得られる利益は減少する。さらに生産を続け、その次の一単位の財を生産しようとすると、その際に利用できるのは、さらに生産性の低い投入物しかない。それゆえ、利益はさらに減少する。

これを繰返してゆくと、やがて、使用可能な投入物として残っているのは、生産性が低すぎて、利益をもたらしえないものだけだ、という状態が生じる。この時点で、さらに生産や経営の規模を拡大することは非合理的な行動であり、資本家が合理的であればとりえない選択である。これが経営規模の限界となる。

産業革命を経て優越し、企業の時代を担うことになったのは、まずは「中小企業」だった。企業の経営規模の制約がとりはらわれるには、一九世紀後半に生じる新たな技術革新の波を待たなければならない。

完全競争市場のメカニズム

それでは、中小企業の行動様式は、どのような特徴をもっているのか。

中小企業は経営規模が小さいため、財の生産量は市場全体の取引量と比較して圧倒的に少ない。この場合、自分だけ値上げしようとすると、消費者から「それだったら、別の企業から買うから結構です」といわれてしまうため、勝手に値をつけることはできない。中小企業は、価格を左右できないアクター、つまり価格を与件として行動するアクターである。このようなアクターを「プライステイカー（price taker）」と呼ぶ。市場がプライステイカーだけからなっている状態を「完全競争」と呼ぶが、中小企業は完全競争市場における生産アクターである。

完全競争市場において、生産者はどう行動するのか。消費者はどう行動するのか。市場価格はどう決まるのか。ここでは、とりわけ、企業に先立って存在したファミリービジネス経営者の意思決定メカニズムとの比較を念頭に置きつつ、完全競争市場における価格決定と、中小企業の意思決定のありかたを検討する。

なお、これら問題については、すでに第1章（生産者行動理論）、第3章（消費者行動理論）、そして第4章（労働市場のメカニズム）において、部分的に触れてきた。したがって、完全競争市場と中小企業の話は、これまでの「まとめと復習」になる。

完全競争市場価格はいかにして決まるかという問題から始めよう。議論を単純化するために、

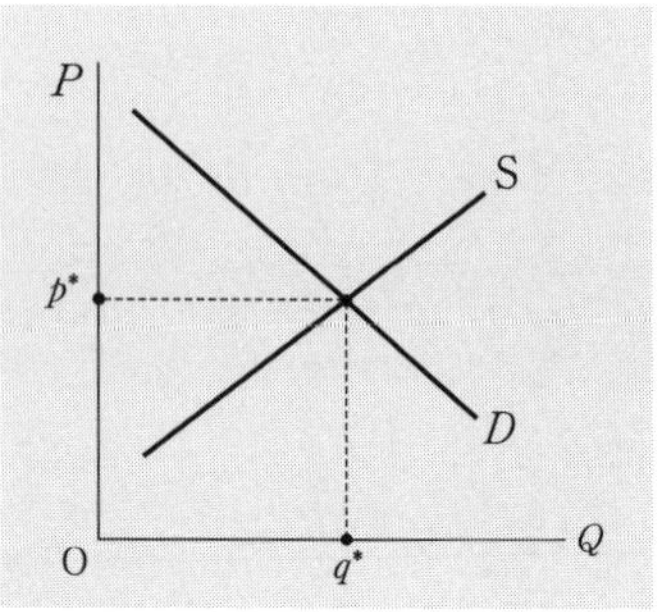

図7・1

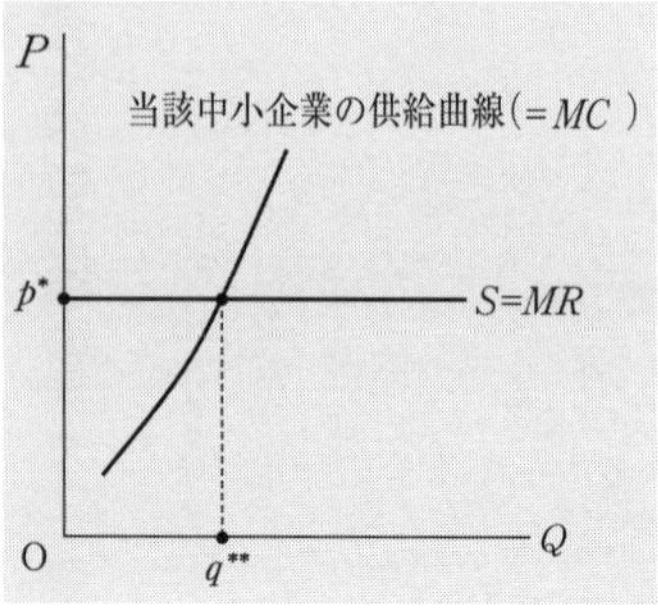

図7・2

一つの種類の財だけの需要と供給を考える。これを「部分均衡分析」と呼ぶ。

その財については、無数の需要者と無数の供給者が存在すると仮定する。彼らはおのおの、独自の需要曲線と供給曲線をもつ。これら曲線は「これくらいの価格であれば、これくらいの量だけ需要あるいは供給したい」という各アクターの意思と能力を表している。

縦軸に財の価格［*P*］、横軸に財の量［*Q*］をとった直交座標を考える［**図7・1**］。この座標上には、個々のアクターの需要曲線と供給曲線が描ける。個々のアクターの需要曲線を「横に」足しあわせると、市場全体の需要曲線［*D*］が出来上がる。個々のアクターの供給曲線を「横に」足しあわせると、市場全体の供給曲線［*S*］が出来上がる。大抵の場合、価格が上がると需要は減り、供給は増えるから、個々のアクターの需要曲線は右下がりになり、供給曲線は右上がりになる。したがって、それらを「横に」足しあわせた市場需要曲線もまた右下がりになり、市場供給曲線もまた右上がりになる。

市場価格はどこで決まるかといえば、それは市場需要曲線と市場供給曲線が交わるところである。この点で需要と供給は均衡し、均衡価格［p^*］と均衡取引量［q^*］が決まる。これよりも価格が上がると、需要よりも供給が大きくなって売れ残りが出るため、価格は下がる。これよりも価格が下がると、供給よりも需要が大きくなって買えない人が出るため、価格は上がる。こうして市場全体の均衡価格すなわち完全競争市場価格が決まる。

中小企業の意思決定

個別の企業に目を移そう。ぼくらが考えているのは中小企業すなわちプライステイカーだから、市場全体で決まった均衡価格を変更させるだけの力はない。したがって、個々の企業は、市場価格を与件として、自分の利益を最大化する量の財を生産し、市場に供給する。それでは、どれくらいの量を生産すればよいのか［**図７・２**］。

答えはとりあえず簡単で、自分の供給曲線が市場需要曲線と交差する点まで生産すればよい。ここで重要なのは、プライステイカーである個々の企業が直面する市場需要曲線は、横軸と水平で（0、p^*）を通る直線をなす、ということである。すでに市場需要曲線と市場供給曲線の交点で市場価格が一定額［p^*］に決まっており、みずからは、それを与件として受入れざるをえないからだ。市場需要曲線は、市場の総体でみると右下がりだが、個々の中小企業からみると水平なのである（ここがポイント！　よろしく）。

それでは、なぜ需要曲線と供給曲線が交差する点まで生産すればよいのか。供給曲線とは、個別企業にとっては、最後の一単位の財を生産するのに必要な費用、つまり限界費用［MC］を表している。これに対して需要曲線は、最後の一単位の財を供給することによって得られる収入つまり限界収入［MR］を表している。二つの曲線の交点とは、限界費用と限界収入が一致する点である。もしもここをこえて生産すると、次の一単位の財の生産は（費用のほうが収入より大きいので）赤字になり、利益は減少してしまう。逆に、交点の手前で生産を停止すると、次の一単位の財を生産すれば（収入のほうが費用よりも大きいため）黒字が増えるので、利益を最大化することにならない。

まとめると、需要曲線は限界収入曲線であり、供給曲線は限界費用曲線であり、限界費用と限界収入が等しくなる点で利益が最大化する。それゆえ、二つの曲線が交わるような量［q^{**}］を供給すればよい。これが、中小企業の基本的な意思決定メカニズムである。

市場価格の決まりかたを思いだしつつ、需要者と供給者の双方がプライステイカーである完全競争市場における個々のアクターの意思決定のありかたをまとめておこう。

彼らの意思決定は、二つのステップを踏んでなされる（ここがポイント！　よろしく）。第一に、需要者から個々の需要曲線が提示され、それらが総計されて市場需要曲線が導出される。

供給者から個々の供給曲線が提示され、それらが総計されて市場供給曲線が導出される。二つの曲線の交点で市場価格が決定される。第二に、個々の需要者は、市場価格を与件とし、みずからの需要曲線と市場価格を比較衡量して需要量を決定する。個々の供給者は、市場価格を与件とし、みずからの供給曲線と市場価格を比較衡量して供給量を決定する。

それでは、市場の総体において需給のありかたが変化した場合、中小企業はいかに対応するのか。

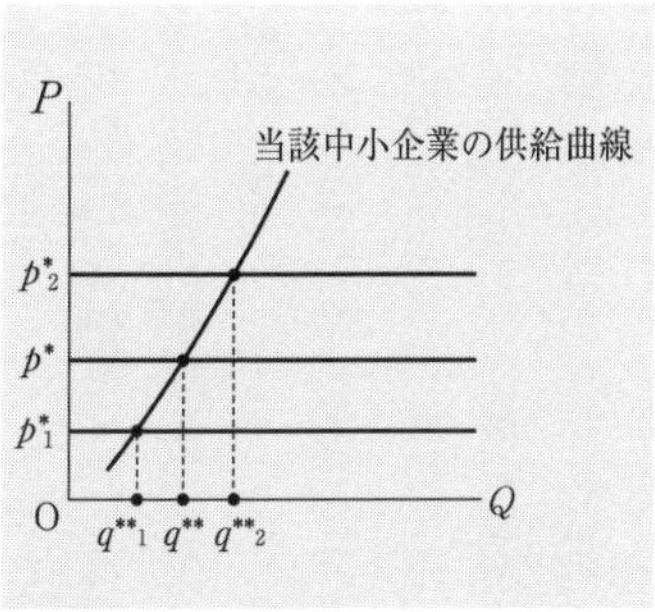

図7・3

財に対する需要が増加し、市場需要曲線が右にシフトしたとしよう〔**図7・3**〕。そうすると、たいていの場合、市場の総体における均衡点は右上にシフトし、均衡取引量〔q_2^{**}〕と均衡価格〔p_2^*〕はともに上昇する。逆にその財に対する需要が減少し、市場需要曲線が左にシフトすると、たいていの場合、市場の総体における均衡点は左下にシフトし、均衡取引量〔q_1^{**}〕と均衡価格〔p_1^*〕はともに下降する。

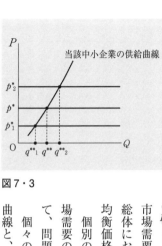

個別の中小企業はプライステイカーなので、このような市場需要の変化を、市場価格の変化として認識する。したがって、問題は、価格変化に対する対応である。

個々の企業にとっては、需要曲線すなわち水平の限界収入曲線と、自分の供給曲線すなわち限界費用曲線が交わるところまで財を生産し供給すれば、総利益が最大になる。供給曲線は右上がりだから、価格がp_2^*に上がれば、供給量を右に移動させて新しい均衡供給量［q_2^*］だけ生産・供給し、価格がp_1^*に下がれば、供給量を左に移動させて新しい均衡供給量［q_1^*］だけ生産・供給するのが合理的な行動となる。

まとめよう。プライステイカーである中小企業は、合理的であれば、財の市場価格が上がれば供給を増やし、価格が下がれば供給を減らす。

価格が上がれば供給を増やし、価格が下がれば供給を減らすというのは、一見、当たり前の行動にみえるかもしれない。しかし、これは、ファミリービジネス経営者とは正反対の行動であることに留意してほしい。後者にあっては、価格が上がれば供給を減らし、価格が下がれば供給を増やすのが合理的な意思決定だった。賃金労働者を雇用するか否かで、行動様式が逆になってしまうわけだ。この違いは、ファミリービジネス経営者、企業経営者たる資本家、この二種類の経済アクターにおける意思決定メカニズムの違いから生じている。

第二次産業革命

イギリス産業革命のインパクトを経て、世界各地では、技術や、技術を産出する科学に対する関心が高まった。とりわけキャッチアップ型の産業革命を必要とし、またそれに成功した諸国では、国家が主導して、技術革新に奉仕する科学的な知識を計画的に算出し、また技術革新を資金的あるいは制度的に支援するための環境整備が開始された。前者が大学など高等教育機関や研究所をはじめとする研究教育機関であり、後者を代表するのが金融制度や貿易政策である。

この環境整備を主導したのは、プロイセンをはじめとするドイツ諸邦や、同国の主導下に統一なったドイツと、合衆国である。

プロイセンなどドイツ諸邦では、一八・一九世紀転換期におけるフランスとの戦いを通じて、政府が、国家主導による技術革新と、それによる富国強兵が必要であることを認識し、いわば産業革命推進のための科学技術センターとして国立大学を整備した。この政策は、統一ドイツに継受される。そのなかで、とりわけ、有機化学と材料科学の分野を中心として、発明や発見が相次いだ。

これら発明や発見から得られた知識をもとに技術革新を進め、いわゆる重化学工業として実用化するためには、巨額の資金が必要だった。たとえば有機化学は、石炭・石油・薪木などを加工すれば、日常生活に役立つさまざまな有機化合物を連続的に取出せることを明らかにしたが、この生産プロセスを産業として実用化するには、個々の化合物を取出す工場が軒を連ねる工場プラントという形態をとらざるをえない。また、材料科学の分野では、とりわけ製鉄業の分野で、世紀中葉にベッセマー法やシーメンス・マルタン法といった新しい製鉄法が発明されたが、それらは大規模な設備投資を必要とした。

　これら生産施設の整備に必要な資金の調達を可能にするべく、ドイツでは産業金融、すなわち株式引受などの手段をもちいて企業に資金を融資し、技術革新を支援する銀行（投資銀行）の設立が政策的に促進された。

　合衆国では、一九世紀初頭には、工業化が進む北部と、黒人奴隷を労働力として綿花を生産し、イギリスなどに輸出する大規模農園制度（プランテーション）が優越する南部が、経済的および政治的に対立していた。その後、北部では綿工業、つづいて機械製造業が成長し、南部との対立が激化した。南北対立の中心は「工業か、農業か」という経済政策の選択をめぐる対立だったといってよい。

　この対立は南北戦争における北部の勝利によって決着し、これ以後、合衆国は工業国の色彩を強めることとなった。実際、連邦政府は基本的に保護関税政策を採用し、自国工業を保護して技術革新を促進した。工業優位の環境のなか、同国では、「石油王」ジョン・ロックフェラーによって設立され、石油精製業界を牛耳ったスタンダード石油会社、ベッセマー法を導入して「鉄鋼王」と呼ばれたアンドリュー・カーネギーの設立になるカーネギー鉄鋼会社（のちのUSスチール）など、重化学工業の分野において、巨大な企業が叢生した。また、電気産業の分野でも、電信、電話、白熱電球の発明や、電動モーターの改良など、さまざまな技術革新が相次いだ。

このように、一九世紀後半に入ると、開始の時期、中心となった地域、産業の分野、および国家の関与の程度において、かつての産業革命とはおおきく異なる技術革新が連続的に実現された。この技術革新の波を総称して「第二次産業革命」と呼ぶ。

第二次産業革命の最大の特徴は、巨大な生産設備や連続的な生産スタイル（工場プラント）を可能とし、また必要とする産業分野で展開されたことから、生産を担当する企業の規模が必然的に巨大化するという点にある。

ぼくらにとって重要なのは、これら大企業の行動様式が、それまでの中小企業と違っていたことだ。すなわち、大企業は、その圧倒的な体力を活用して、ライバル企業を蹴散らしえた。また、第二次産業革命の主要な舞台となった産業分野では、巨額の初期投資資金が必要であり、新企業の参入は困難だった。これらの結果、大企業は、みずからの産業分野において財の生産と供給を独占しうる立場に立った。ある産業分野で、ひとつの企業が財の供給を独占する状況を「供給独占」と呼び、独占を実現した企業を「独占企業」と呼ぶが、大企業は、中小企業とは異なり、独占企業となりうる存在だった。

第二次産業革命を経て、経済領域の主役の座は中小企業から大企業、さらには独占企業に移行し、経済システムは供給独占という性格を強めてゆく。

それでは、独占企業の行動様式や、その基盤をなす意思決定のメカニズムは、いかなる独自性をもっているのか。

独占の成立

一企業が供給独占を実現し、独占企業となるメカニズムから検討を始めよう。キーワードは「初期費用」である。

第二次産業革命の主要舞台は重化学工業や電気産業などだったが、これらは、操業開始時点で巨大な生産設備が準備されていることを要する「プラント産業」である点で共通している。設備投資など、操業開始時点で必要な投資にかかる費用を「初期費用（initial cost）」と呼ぶが、これら産業分野に参入しようとする企業は、巨額の初期費用負担に耐えうる資金力をもっていなければならない。

さらに、問題は、初期費用が大きい場合、操業後しばらくのあいだは赤字経営が続くということである。企業にとっては、初期費用を支払うのみならず、赤字経営を乗切るだけの資金力が必要だ、ということになる。

もっとも、初期費用は定額なので、財の生産量を増やせば増やすほど、一単位あたりの生産費用に与える影響は小さくなる。いいかえると「規模の経済」が働く可能性が大きい。規模の経済が働き、作れば作るほど安く作れるとすれば、先にたくさん作ったほうが有利になる。

この企業にとって最適な生産量はどれくらいか、といえば、それは、例によって限界費用曲線が限界収入曲線たる需要曲線と交わる点で表される。この点で、総利益が最大になるからだ。

ただし、初期費用が大きい場合、作れば作るほど安くなって価格競争力が増すため、企業には、「利益を最大化する」という一般的な戦略のほかに、「他に先駆けて参入し、他の企業を市場に参入させず、独占的な供給者になる」という戦略が、選択肢として生じる。後者を選ぶ場合、企業は「利益の最大化」よりも、まず「市場の独占、つまり独占企業化」をめざして意思決定し、行動する。供給独占には、さまざまなメリットがあるからだ。

それでは「最初に参入して独占企業化するぞっ」という戦略を採用した企業は、どう行動するか。

縦軸に当該財の価格［P］、横軸に量［Q］をとった直交座標を考える［**図７・４**］。計算を簡単にするため、一単位あたり財の費用と収入、つまり平均費用［AC］と平均収入［AR］で考えることにしよう。

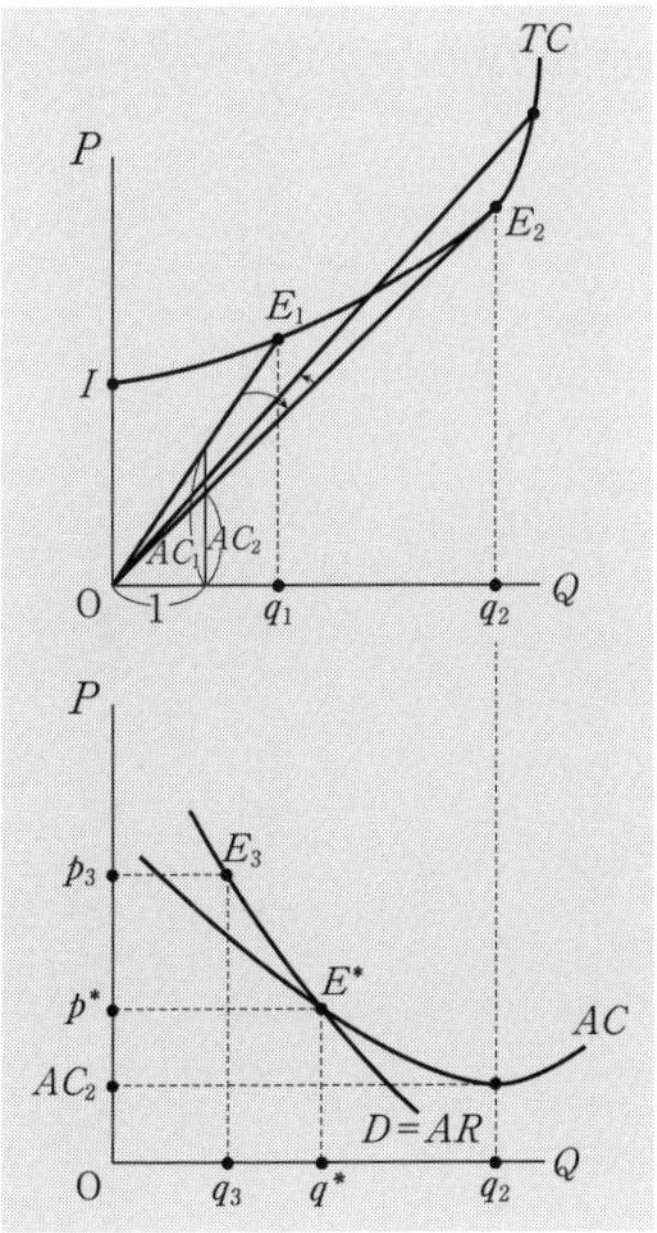

図７・４

問題となっている産業分野はプラント産業だから、参入するには初期費用［I］が必要だとする。また、例によって、生産性の高い資源から順番に利用されるので、最後の一単位の財の生産にかかる費用は徐々に大きくなる。つまり、限界費用は逓増する。参入する企業の総費用［TC］は、（I、0）から出発し、限界費用が逓増するため、右上がり、ただし上がりかたは徐々に急になる曲線を描く。企業の平均費用は、ある量［q_1］の財を生産する場合、その量を横座標とする総費用曲線上の点［E_1］と原点を結んだ直線の傾きである。財の供給量を0から増やしてゆくと、図上でこの直線を動かしてみればわかるとおり、平均費用は徐々に小さくなる。したがって、平均費用は、初期費用の大きさを反映して、しばらくのあいだ右下がりの曲線を描く。しかし、限界費用が逓増するので、平均費用は、原点と総費用曲線上の点を結ぶ直線が総費用曲線の接線となる点［E_2］をこえると、増加に転じる。この点に対応する平均費用［AC_2］が最少の平均費用となる。

つぎに平均収入だ。まだ他の企業が参入していないので、この企業が直面する需要は市場全体の需要であり、したがって右下がりの曲線を描く。ある単位の量［q_3］を供給するとき、その平均収入すなわち一単位の価格は、その量［q_3］を横座標とする需要曲線［D］上の点［E_3］の縦座標［p_3］となる。すなわち、平均収入曲線は市場全体の需要曲線と同じものとなり、右下がりの曲線を描く。

その財の生産に乗出そうとする企業があるということは、最初は平均収入のほうが平均費用よりも大きいということを意味する。しかし、いずれ平均費用曲線は底を打ち、上昇に転じるので、二つの曲線はどこかで交わる。この交点［E^*］は、そこまでは平均収入が平均費用を上回り、したがって利益が出る点であり、通常「損益分岐点」と呼ばれる。

さて、他に先駆けて生産規模を拡大しようとする企業の意思決定である。企業がなすべきは、とりあえず借金してでもなんでもよいから資金を調達し、一気に赤字にならない点すなわち損益分岐点が表す生産量［q^*］まで生産し、損益分岐点が表す価格［p^*］で販売することである。限界費用と限界収入が一致するか否かとか、利益は最大化されているか否かとかは、当面の問題ではない。

同社に出遅れた競合他社は、損益分岐点の量［q^*］の財を生産することは難しいから、この価格［p^*］では採算が取れず、生産から撤退するだろう。というよりも、初期費用が大きいので撤退は困難だから、そもそも参入しようとしないはずだ。価格を損益分岐点の水準［p^*］に設定することは、他社に対して「この市場は当社が独占するので、よろしく」というシグナルとして機能する。これで他社の参入をブロックすれば、あとは価格を自由に再設定し、利益が最大になる点を実現すればよい。

こうして、最初に参入した大企業が市場を総取りする状態が出来上がった。初期費用が大きいプラント産業には、供給独占が自然に出来上がる傾向が存在するのである。

独占企業の意思決定

こうして成立した独占企業は、いかなる意思決定のメカニズムにもとづき、いかに行動するのか。それは、完全競争市場におけるプライステイカーとしての中小企業と異なるのか。異なるとしたら、理由はなにか。

独占が成立するまでは、その企業は「最初に参入して市場を総取りする」という目的のもと、損益分岐点まで生産する。利益が大きいとか小さいとかは、この段階では問題ではない。しかし、市場を総取りして独占企業化すると、独占企業もまた合理的な存在である以上、そののちは「利益最大化」と「限界収入逓減」という二つの法則のもとに行動するようになる。したがって、第一に、最後の一単位の財を生産する費用である限界費用［*MC*］は、徐々に低質の原材料や資本や労働力を投入しなければならなくなるので、逓増すること、第二に、限界費用と限界収入［*MR*］が一致する点で生産し供給すると利益が最大化するのでここが最適点であり、ここで均衡すること、この二点については、独占企業は中小企業とかわるところはない。

それでは、独占企業は中小企業と同一の行動をとるのか、といえば、そうではない。

縦軸に価格、横軸に量をとった直交座標を考える。

中小企業の場合、自社にとっての需要曲線は、右下がりの市場需要曲線とは異なるかたちをしている。それは「完全競争市場価格を表す水平な直線」であり、同時に限界収入曲線かつ平均収入曲線［*AR*］になっている。

これに対して、独占企業の場合、供給者は自社だけなので、市場需要曲線［*D*］がそのまま自社にとっての需要曲線となる［**図7・5**］。独占企業と中小企業では、直面する需要曲線のかたちが異なっているのだ（ここがポイント！　よろしく）。

それゆえ、意思決定のメカニズムや行動様式のありかたは、両者で異ならざるをえない。

それでは、独占企業の限界費用曲線と限界収入曲線はどうなるのか。

このうち限界費用曲線については、中小企業の場合とかわらない。限界費用は逓増するから、図上では右上がりの曲線を描く。

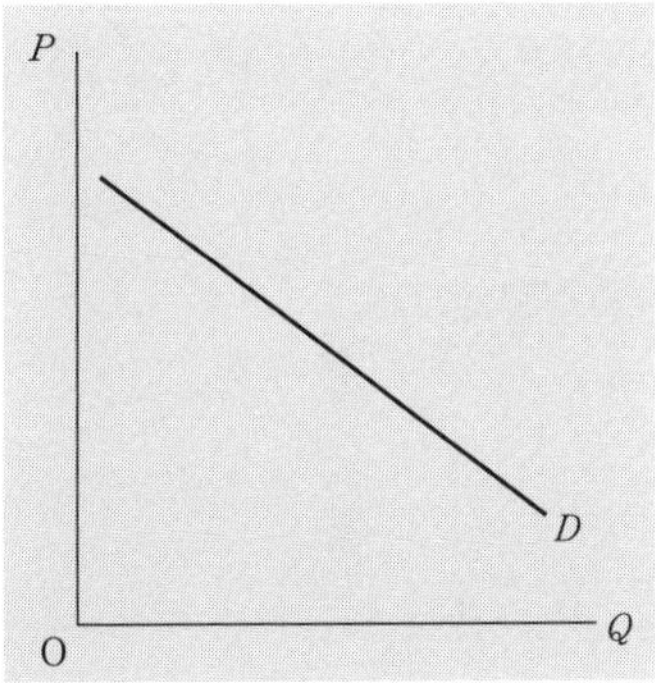

図7・5

問題なのは限界収入曲線である。それは、中小企業の場合のように、自社の需要曲線と同じかたちをしているのか。同じでないとすれば、両者の位置関係はどうなっているのか。

まず限界収入曲線の形状をみると、市場需要曲線は右下がりだから、最後の一単位の財の供給から得られる限界収入は逓減する。したがって、限界収入曲線も右下がりになる。

つぎに、需要曲線との位置関係である［**図7・6**］。

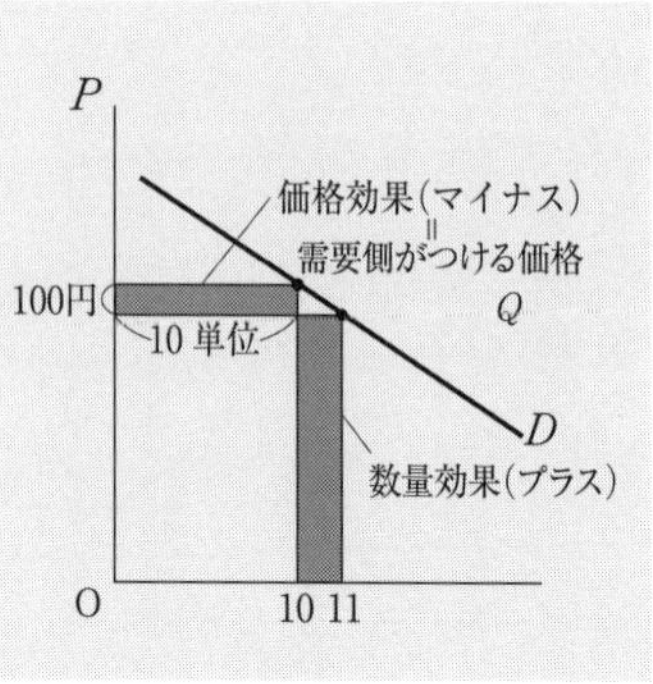

図7・6

いま独占企業が供給量を一単位増やすとする。そうすると、需要曲線は右下がりだから、価格は下がってしまう。ここで、最後の一単位の財の供給から得られる収入すなわち限界収入を、最後の一単位の財に対して需要側がつける価格と比較してみよう。

限界収入は、数量が増えた分から得られるプラス分（数量効果）から、価格が下がったことからもたらされるマイナス分（価格効果）をひいたものになる。このうち数量効果の大きさは、最後の一単位の財に対して需要側がつける価格と等しい。これに対して、価格効果は最後の一単位の財だけではなくすべての財に働くから、正の値となる。限界収入は、需要側がつける価格に等しい数量効果の値から、正の値をとる価格効果の値をひいて算出されるから、需要側がつける価格より小さくなる。限界収入曲線は需要曲線の下に位置するわけだ（ここがポイント！　よろしく）。

たとえば、供給量が一〇単位から一一単位に増加するとき、需要側がつける価格が一〇〇円下がったとすると、限界収入は一〇〇円×一〇単位で一〇〇〇円下がる。

独占企業は、この限界収入曲線と限界費用曲線が交わる点［E^*］の横座標［q^*］だけ供給するとき、利益が最大になる［図7・7］。それでは供給価格はいくらか、というと、限界費用

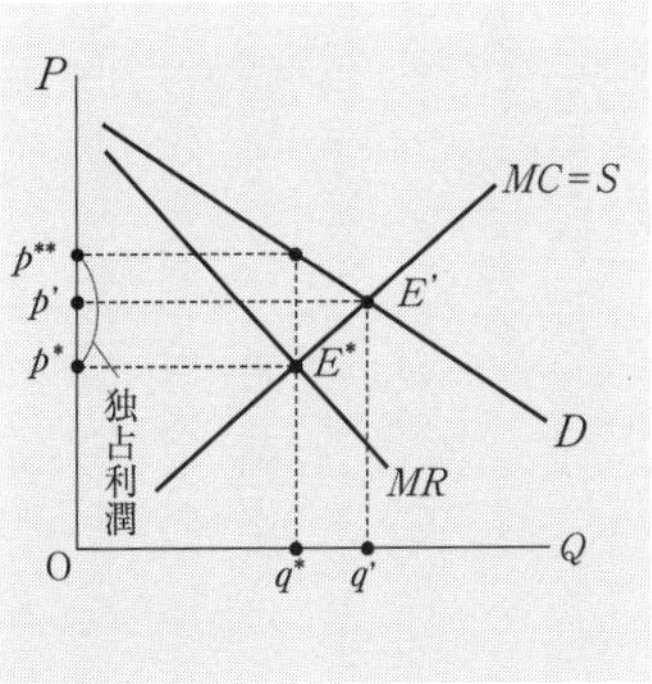

図7・7

曲線と限界収入曲線の交点［E^*］の縦座標で表される価格［p^*］にはならない。市場では、q^*だけ供給される財に対しては需要曲線［D］が示すとおり、p^{**}という価格が付くからである。独占企業は、この価格［p^{**}］で財を販売することができるし、販売するはずだ。これを「独占価格」と呼ぶが、独占企業は、価格を選んで決定できるという点で、プライステイカーではなくプライスセッター（価格決定者）である。

さらにいえば、独占企業は、独占価格から、通常の市場メカニズムで決まる価格をひいた分［$(p^{**}-p^*)$］だけ、余計に儲けることができる。これを「独占利潤」と呼ぶ。

独占企業の行動様式を、完全競争市場におけるプライステイカーである中小企業と比較してみよう。後者の場合、市場の総体でみると供給曲線［S］は限界費用曲線［MC］と等しく、需要曲線［D］は限界収入曲線［MR］と等しいから、供給曲線と需要曲線の交点［E'］で均衡価格［p'］と均衡取引量［q'］が決まる。これを独占価格［p^{**}］および独占取引量［q^*］と比較すると、独占価格のほうが高く、独占取引量のほうが少なくなっている。つまり、完全競争市場の場合と比較して、独占の状態では、価格は高くなり、取引量は少なくなる。

ちょっと考えれば推測できるとおり、これは消費者にとって不利な状態である。それゆえ、独占企業が本格的に広まりはじめる一九世紀末から、世界各地では、消費者保護を目的とする独占禁止法制が導入されてゆく。

このように、自然独占をはじめとする独占企業は、プライステイカーとしての中小企業とは異なる意思決定メカニズムと行動様式をとる。もちろん生産と供給の目的が「利益の最大化」であることにかわりはない。市場環境がかわるので、利益の最大化を目指す行動のありかたがかわるのである。

二〇世紀、そして現在

こうして、一九・二〇世紀転換期には、世界は単なる「企業の時代」ではなく「大企業の時代」に入った。企業規模の拡大は、市場における供給独占の成立のみならず、企業組織の変容にともなう新しい働き方の出現や、財の消費をはじめとするライフスタイルの変化など、人びとの日常生活に大きな影響を与えてゆく。

ここでは二つの事例を挙げておこう。

第一に、かつて企業規模がそれほど大きくなかったときには、企業の所有者と企業の経営者は一致していた。すなわち、資金をもつ人間が、その資金を拠出して企業を設立し、みずから経営にあたったわけである。これは、典型的な資本家の姿といってよい。

ところが、企業規模が拡大すると、資本家の手に余る事態が生じてくる。一方では、自己資金のみをもちいて経営を継続することが難しくなる。大企業を経営するには、巨額の運転資金が必要になるからだ。そのため、銀行など金融機関からの融資をはじめとする間接金融や、株式公開などの手段による直接金融により、外部資金を調達する必要が出てくる。企業の所有権は、徐々に資本家から金融機関や株主など投資家に移動する。彼らは、企業経営の状態や実績には関心をもつが、細かなマネジメントには関心を寄せないし、また（自分のしごとがあるので）寄せようもないため、所有に特化してゆく。

他方では、組織が巨大化すると、それを的確に運営するには十分な知識と時間が必要となる。しかし、これらを備えることは、並みの資本家には困難である。そのため、具体的なマネジメントの権限は、専門的な知識をもち、まさにマネジメントのために雇用される賃金労働者、すなわちマネジャー（管理職社員）に委譲されてゆく。マネジャーは被用者なので、企業の経営には携わるが所有云々とは無関係な存在であり、つまり経営に特化する。

こうして、かつては資本家が一身で体現していた所有と経営は、おのおの投資家とマネジャーが専門的に担うようになり、別々の機能となってゆく。この傾向は「所有と経営の分離」と呼ばれている。

第二に、大企業の時代に特徴的な消費行動をみてみよう。市場を独占するまでに至る大企業の出現は、それを所有する投資家からなる富裕層の登場をともなった。そして、ファッションや時計から飛行機に至るまで、彼らを主要な顧客とする高額なぜいたく品が生産されるようになった。これらぜいたく品は、日常生活を送るために必要な財ではない。富裕層がぜいたく品を需要し、購入し、所有し、消費する動機は、みずからの金力やステイタスを他者にみせびらかすことにある。二〇世紀前半に活躍した経済学者ソースティン・ヴェブレンは、他者にみせびらかすための消費を「顕示的消費」と呼んだ。

それでは、ぜいたく品を対象とする顕示的消費は、経済行動としては、どんな特徴をもつのか。一般的な財に対する需要行動と比較しながら、この点を考えたい。

まず、一般的な財からいこう。その財をA財と呼ぶとして、いま、A財の価格が上昇したとする。その場合、A財に対する需要はどう変化するか。

A財の価格の上昇は、消費者にとっては、自分の実質的な所得が減少したことを意味する。借りているマンションの家賃が三万円から一五万円に一気に上がったら「なんか給料が減った気がするぞ」と思う、みたいな感じ。これを「所得効果」と呼ぶが、A財の価格が上がると、所得効果によって実質所得が減るので、A財に対する需要は減少する。さらに、A財の価格の上昇は、似たような他の財と比較した相対的な価格が上昇し、そのためA財の「おトク度」が減ったことを意味する。カレーパンの価格が一〇〇円から二〇〇円になったら「それだったら、一五〇円のおにぎりのほうがおトクだなあ」と考える、みたいな感じだろうか。これを「代替効果」と呼ぶが、A財の価格が上がると、代替効果によって相対価格が上昇し、おトク度が減るので、これまたA財に対する需要は減少する。

まとめると、価格が上昇すると、所得効果と代替効果がともに負の方向に働くので、A財の需要は確実に減る。縦軸に財の価格、横軸に財の量をとった直交座標を考えると、A財の需要は、価格が上昇すると需要は減るので、右下がりの曲線を描く。

つぎにぜいたく品である。その財をB財と呼ぶとして、B財の価格が上昇したとする。さて、どうなるか。

実質所得が減るので、ぜいたく品であっても購入はちょっと困難になる。つまり、所得効果が働き、そのぶんB財に対する需要は減る。これに対して、価格上昇によってB財の相対価格は上がり、おトク度は減るが、おトク度が減るのだから、それをもっていると、ますます効果的に金力やステイタスをみせびらかせることになる。だから、相対価格が上がると、代替効果が逆に働き、そのぶん需要は増加する。

まとめると、価格が上昇すると、所得効果は負に働くが、代替効果は正に働き、たがいに打消しあう。そして、ぜいたく品においては、二つの効果のうちでは、代替効果のほうが大きいと考えられている。したがって、B財の需要は、価格が上昇すると需要も増えるので、右上がりの曲線を描く。これは、ぜいたく品については、一般的な財とはまったく異なった消費行動がなされることを意味している。

ちなみに、顕示的消費の対象となるぜいたく品とよく似た消費行動がなされる財として、経済学において「ギッフェン財」と呼ばれているものがある。これは、簡単にいうと「ホントは買いたくないけど、貧乏なので、しかたなく買うもの」である。歴史上では、本当にそうだったかについて賛否両論あるが、一九世紀のアイルランドにおけるジャガイモがギッフェン財だったといわれている。当時アイルランドでは主食たるコムギが高価だったので、貧困層はやむを得ず安価なジャガイモを主食として購入し、消費していたからだ。

あるギッフェン財をC財と呼ぶとして、C財の価格が上昇したとする。実質所得が減り、本来ならば買いたいものが買えないため、所得効果が逆に働き、そのぶんC財に対する需要は増える。これに対して、価格上昇によってC財の相対価格は上がり、おトク度は減るので、そのぶん需要は減少する。

まとめると、価格が上昇すると、所得効果は正に働くが、代替効果は負に働き、たがいに打消しあう。そして、ギッフェン財においては、二つの効果のうちでは、所得効果のほうが大きいと考えられている。したがって、C財の需要は、価格が上昇すると需要も増えるので、右上がりの曲線を描く。これは、ぜいたく品の需要曲線と同じかたちであり、一般的な財とは逆になっている。

二〇世紀は、重化学工業や電気産業、供給独占、所有と経営の分離、顕示的消費などで特徴づけられる「大企業の時代」だった。それでは、ぼくらが生きている二一世紀初頭という現在の世界はどうか。そこでは、いかなる経済システムが優越しているのか。今後、どんなシステムが生まれてくるのか。

いろいろな疑問が頭をよぎりはじめるが、これはもはや「経済史」の枠をこえているというべきだろう。

読書案内

企業の時代から第二次産業革命を経て大企業の時代に至る時期、とりわけ「所有と経営の分離」をはじめとする大企業の特徴を理解するには、なによりもまず、経営学者アルフレッド・チャンドラーの大著『みえる手』（チャンドラー〔1979〕）が重要。なぜ経営学者の本?、と思われるかもしれないが、それは、経営学が大企業の内部組織の分析を重要な課題とする学問領域として誕生し、成長してきたからである。ちなみに同書のタイトル（邦訳書では変更されている）はアダム・スミスの名台詞「みえざる手」をもじっていて、この点もポイントが高い。

完全競争市場のメカニズムと、プライステイカーとしての中小企業の意思決定の分析は、ミクロ経済学の中核をなしているので、教科書を参照。供給独占の成立や独占企業の意思決定もミクロ経済学の重要な分析対象であるが、こちらについては、クルーグマン他〔2007〕がよくかみくだかれた説明を提供しており、ずいぶん助けられた。厚くて重いけど。

顕示的消費については、この概念を提示したヴェブレンの本の翻訳が文庫で読める（ヴェブレン［2015］）ので、チャレンジしてもよいかもしれない。ちなみに、彼の波乱万丈の人生については、日本を代表する経済学者・宇沢弘文の手になる伝記的エッセイ（宇沢［2015］）がある。面白いので、ぜひ。

なお、本章でいう「ぜいたく品」は顕示的消費の対象財を意味し、ミクロ経済学で取扱われる「奢侈品」とは異なる。「需要の所得弾力性が一より大きい財」と定義される奢侈品については、ミクロ経済学の教科書を参照。

終章　クーリングダウン——経済史学の歴史

「学史」を学ぶ意義？

人類の曙から始めて、どうにか二一世紀近くまでたどりついたので、経済現象そのものの歴史である「経済史」については、内容の粗密は別として、これで大体のところを語ったことにしよう。最後に、読者諸賢のクーリングダウンに資するべく、経済現象の歴史である「経済史」を学ぶ学問領域である「経済史学」の歴史である「経済史学史」について、ちょっと学んでおきたい。経済史学の成立から今日に至るまでの道程を、世界全体と、そして日本について、簡単に辿ってみる、ということだ。

学問領域の歴史は一般に「学史」と呼ばれる。経済史学史も、そのひとつだ。しかし、なぜ学史を学ぶ必要があるのか。学史を学ぶ意義は存在するか、存在するとすればなにか、ということである。まずは、この点を確認することから始めなければならない。

こんなことを確認する必要があるのは、各学問領域のみならず、それらの総体たる科学そのものについて、その歴史を知る必要なんて存在しないのではないか、最先端の、最新の知識さえ知っておけば、それで十分なのではないか、というスタンスが広まっているような気がするからだ。世間一般においても、そして科学の現場を担う科学者のあいだでも。

かくなる事態には、もちろん、それなりの理屈と歴史をともなった背景がある。科学は、現代を生きる人間の心性を統べる「進歩」という思想の産物であり、同時に、その支柱だからだ。そして「進歩」という思想にとって、過去はすでに克服され、それゆえ顧みる必要のない存在として在るからだ。

ちょっと時代を遡ってみよう。一五世紀から一六世紀にかけてのヨーロッパでは、ルネサンスの成果がイタリアから各地に広まり、大航海時代の開始を受けてアジア、アメリカ、アフリカとの接触が深化し、宗教改革によってカトリック教会による日常生活の支配が弱体化するなかで、人間がみずからの力を認識するという事態が生じた。その結果、人間の自己イメージは、それまでの「環境に左右されるなかで、神の力によって生かされる存在」から「環境を支配する力をもち、みずからの力をもちいて生きる存在」に変化してゆく。人間は、いまや世界の中心にある存在として定位されることになった。

これ以降、ぼくら人間は、みずから保持する力を活用して生活を営み、そのなかで、みずからをとりまく世界を改善しうる、と自己定義するようになった。そして、ここから「昨日よりは今日のほうが良く、今日よりは明日のほうが良いはずだ」という進歩の思想が生まれる。産業革命と（アメリカ独立革命やフランス革命など）市民革命を経て、一九世紀になると、この「進歩」という概念は、一種の信仰の対象の位置を占めるに至る。いわゆる「科学信仰」であり、世界は「科学の時代」に入ったといってよい。

そして、進歩の最重要手段とみなされたものこそ、科学と技術、とりわけ技術の母でもある科学だった。科学は進歩の手段なのだから、それ自体が進歩的であり、したがって古い科学よりは新しい科学のほうが進んでいるはずだ——進歩の思想に染まった科学者はいうにおよばず、多くの人びとはこのように考え、最新の科学を（信仰の対象として）ありがたがることになった。そして、これは、古い科学は無用であり、それを顧みることすなわち学史を学ぶことは無意味であるとみなす心性に直結した。学史軽視というスタンスが、ここから生じる。

そんなわけで、今日、多くの学問領域では、教科書を開いても、みずからの学史（がくし）の「が」の字も登場しないことが普通である。

しかし、それでいいのか？

よくない。まったく、よくない。

大体において、現在は過去の上になりたっている。歴史は因果関係の束だからだ。そして、このことは科学にも妥当する。現在の、すなわち最新にして最先端の科学とて、過去の古めかしい科学のうえに、一歩、また一歩と、新たな知を付足して出来上がったものにすぎない(ニュートンは、そのことをわかっていた)。それゆえ、みずからの妥当性を検証し、足元を確実なものにするためには、きちんと過去の科学すなわち学史を学ばなければならないはずである。

さらにいえば、人間の営みは、すべからく先人の達成に対する敬意(リスペクト)のうえに成立つべきものである。科学もまた、その例外ではない。そして、科学において先人に払うべき敬意とは、単にホメそやすことではなく、ましてや「古くさい」と称して無視を決めこむことでもなく、その適否を批判的に検証すること、すなわち学史を学び、必要であれば研究することである。

学史は、科学の研究そのものと別個に存在するものではない。それは、科学の研究の一環をなしている。経済史に即していえば、経済史学史は経済史学の一部なのだ。

いかん、いかん。基本が学史ファンなので、みょうにテンションが上がってしまった。クーリングダウンが必要なのは、ぼくのほうかもしれない。

経済史学の誕生

学問領域としての経済史学は、二〇世紀初頭とりわけ両大戦間期に、歴史学と経済学おのおのの内部における対立と論争のなかで、両者の一部が交錯・接触し、やがて融合して成立した。学問領域の制度的な成立の指標（メルクマール）を専門的学術雑誌の刊行や学会の結成に置くとすれば、「経済史学」をタイトルに掲げた初の学術雑誌『社会経済史学雑誌（*Zeitschrift für Sozial- und Wirtschaftsgeschichte*）』がドイツで創刊されたのが一八九三年。その他の代表的な事例としては、イギリス『経済史評論（*Economic History Review*）』が一九二七年、フランス『社会経済史学年報（*Annales d'Histoire Economique et Sociale*）』が二年後、アメリカ合衆国『経済史雑誌（*Journal of Economic History*）』が一九四一年に、おのおの創刊されている。

また、経済史関係の学会が結成されたのは、イギリス（経済史学会）が一九二六年、合衆国（経済史学会）が一九四〇年。ドイツ（当時は西ドイツ、社会経済史学会）とフランス（フランス経済史学会）はちょっと遅れて、おのおの一九六一年と一九六五年である。ちなみに、ドイツが遅れたのは伝統的な歴史学が強かったからであり、フランスが遅れたのは個人主義的気質の産物とおぼしき学会嫌いのせいである（と思う）。

歴史学の側からみてみよう。

経済現象の歴史に対する関心と、それらの叙述という営為についていえば、その歴史は長い。たとえば一八世紀のヨーロッパ諸国では、貿易差額による貴金属の獲得を重視する重商主義が経済政策に対して大きな影響力をもっていたことを反映して、輸出や輸入の量や額、貿易差額、国内貴金属の量などの増減傾向を時系列的にサーベイし、それらのあいだの相関関係を論じることが活発におこなわれた。

ただし、歴史学が科学として成立した一九世紀中葉以降をみると、科学としての歴史学の関心の主要な対象の座を占めることになったのは、圧倒的に政治、それもナショナルな政治など「大文字の政治」だった。歴史学の主要な課題は、政治現象の歴史を資料にもとづいて実証的に明らかにし、その結果を時系列的かつ詳細に叙述することに置かれた。「ナショナルな政治の歴史」の優位の背景には、科学としての歴史学が統一前後のドイツで成立したことを反映して、歴史学はナショナリズムにもとづく統一国民国家の成立に奉仕するべきだとする暗黙の了解があった。科学とナショナリズムは、一見（ナショナリズムは非科学的であるという点で）相対立しつつ、じつは相互に支えあう関係にあることがわかる。

つぎに経済学の側だ。

一九世紀の経済学の主流をなしたのは、イギリスで成立した「古典派」と呼ばれる学派である。同派によれば、すべて経済システムは、自由放任しておけば、自動的に最適な状態に至るはずだった。アダム・スミスいうところの「みえざる手」、すなわち市場メカニズム（あるいは価格メカニズム）が機能するからである。しかし、これは、先進国イギリスにキャッチアップするため、公的介入による産業革命が必要であると考える後発諸国にとっては、受入れがたい所説だった。

このような知的状況のなか、ドイツでは、適切な経済政策は、各国が置かれている歴史的な発展段階によって異なるという発展段階論を主張し、経済学は積極的に政策形成に関与するべきだと説く経済学派、通称「歴史学派」が誕生した。同学派の所説は、歴史的な文脈を重視する点で、歴史学と接点をもつものだった。

一八七〇年代になると、古典派の内部では「限界革命」と呼ばれる知的刷新運動が生じ、今日の経済学の主流をなす「新古典派」が誕生する。同派は、誕生するや否や、もちいるべき手法（数学的解析か、歴史的叙述か）や政策関与の程度（禁欲か、積極的関与か）をめぐり、歴史学派と激しい論争（方法論争）を繰広げることになった。

二〇世紀に入ると、第一次世界大戦や大恐慌（一九二九年）など経済の領域に大きな衝撃を与える事件が連続し、歴史学界では「ナショナルな政治の優位」と「叙述」に対する不満が高まった。とりわけ、激動する「経済」現象について、その原因・プロセス・帰結を「分析」することの必要性と可能性が主張されはじめた。

他方、経済学界では、とりわけ歴史学派の内部において、発展段階論のあと理論的な革新がみられない状況に危機感を覚え、政策形成に関与するよりも経済現象を科学的に分析することに重きをおくべきだという声が生まれた。その際、経済学における「科学的な分析」については、すでに新古典派が長足の進歩を遂げつつあったため、歴史学派における「科学化」は、科学としての歴史学への傾斜を意味することになった。

第一次世界大戦後になると、歴史学界における「経済現象の分析」を求める潮流と、経済学界とりわけ歴史学派における「科学的な分析」を望む潮流が、各地で交錯し、接触し、融合する。経済の領域にかかわる史実を科学的に分析する学問領域にして、経済学と歴史学の下位領域にして共通集合たる「経済史学」が、ここから誕生する。

経済史学の発展

第二次世界大戦を経て、経済史学は世界各地で、異同をともないつつ発展することになった。経済学と歴史学という隣接上位学問領域との関係における地域的な違いの存否に着目しつつ、この発展の経過を追いかけてみよう。

まず歴史学との関係からみると、地域的な違いはさほどみられない。歴史学においては、とりわけ先進地域を中心として史料（歴史資料）の発見・整備・公開・刊行がすすみ、研究の基本となるデータの量と質、それにアクセス可能性が増した。これにともない、実証的な水準はおおきく上昇した。

経済史学も、その例に漏れない。もともと経済の領域には、財の取引量や価格、貨幣供給量、生活水準、人口など、政策担当者にとって重要であるがゆえに時系列的な記録が残りやすく、また数字で表現しやすいため統計的な処理になじみやすい、という特徴をそなえた分析対象が多い。これらデータを数量的に処理し、その傾向を明らかにする手法を「計量経済史学」と呼ぶが、戦後になると、史料の増加を受けて、世界各地で計量経済史学の急速な発展がみられた。

これに対して、経済学との関係からみると、地域的な違いが見出せる。

経済学においては、第二次世界大戦前夜に大量の知識人がヨーロッパ大陸から合衆国に亡命したことを受けて、戦後は合衆国が研究の中枢を担うことになった。そして、経済学の主流たる新古典派経済学は、いわゆる「ケインズ革命」のインパクトのもと、ミクロ経済学とマクロ経済学にわかれてゆく。前者の中核をなしたのは複数の財からなる市場の総体の均衡条件を求める（限界革命三人組のひとりレオン・ワルラスが提唱したことで知られる）一般均衡論であるが、これは、時間を要素として考慮に入れることをしないという意味で静態的であり、経済史学との接点を見出しづらいものだった。これに対して後者は、ミクロ経済学に比して政策志向性が強く、また、失業、国民所得水準、あるいは経済成長について、それらのメカニズムや時系列的推移をマクロ集計量の次元で分析することを主要な課題としていた。こちらは、時系列的な推移に関心があるぶん、経済史学との接点をみつけやすい。

こういった特徴をもつミクロ経済学とマクロ経済学は、ひろく世界の経済学界を席巻してゆく。ただし、ヨーロッパ大陸では、独仏を中心として、かつての古典派の伝統をひくマルクス派経済学——というか、広義のマルクス主義思想の影響が残った。そこから、マルクス派経済学の復興をめざしてさまざまな理論的試みがなされたが、それはまた（経済史や経済史学史ではなくて「経済学史」なので）別の話。

話を経済史学に戻すと、経済学における違いを反映し、合衆国と独仏では、経済史学は異なるかたちで発展してゆくことになった。

合衆国では、一九六〇年代、「新経済史学（New Economic History）」と呼ばれる学派が登場し、ミクロ経済学やマクロ経済学の方法論・理論を積極的に導入するべきことを唱えた。ここで導入するべきとされた方法論とは「仮説を、理論にもとづいて構築し、データによって検証する」というものである。また、理論とは「人間は合理的なので、利益を最大化するように行動する」とか「限界収入は逓減する」とか「市場は自由放任すれば均衡する」とかいったもの、すなわち新古典派経済学の基本的な前提条件である。このスタンスにもとづき、経済成長の計測、人口移動の分析、経済政策の効果の測定、技術革新の水準の算出などが進められた。

これに対して、戦後フランスでは、広義のマルクス主義思想における「下部構造（経済）が上部構造（思想、政治、意識、文化など）を規定する」という命題を「歴史における、政治に対する経済の優位」と読替えたうえで、経済システムの時系列的な変動、さらには、その根底をなす、経済的な物質生活、環境、生態系など「かわらざるもの」の分析が進められた。フェルナン・ブローデル率いる、いわゆる「アナール学派第二世代」である。

ドイツでは、伝統的な政治史中心の歴史学が強く、経済史学の発展は遅れたが、一九六〇年代に至り、やはり広義のマルクス主義思想の影響を受けつつ、歴史の総体的な構造を社会や経済の領域に視点を置きつつ再構成することをめざす潮流が登場した。この潮流は「社会史学

（あるいは社会経済史学、社会構造史学）」と呼ばれるが、これは、同国の経済史学界ひろくは歴史学界における世代交代も意味していた。

もちろん、合衆国の経済史学とヨーロッパ大陸の経済史学は別々に発展したわけでもないし、発展してゆくわけでもない。新経済史学、アナール学派第二世代、ドイツ社会史学、あるいは、同じころ世界各地で花開いた多種多様な新しい経済史学の試みは、研究環境がボーダーレス化するなかで、相互に影響し交錯しあい、あるいは相対立しつつ、経済史学の研究水準を引上げ、研究対象を拡大してゆくことになる。

日本の経済史学

それでは、日本の経済史学はどうか。

経済史学者が集う学会である社会経済史学会が設立されたのは一九三〇年であり、翌年には学会発行になる専門的学術雑誌『社会経済史学』が創刊された。経済史学の制度的な成立の早さは、英仏独米と比較しても、ひけを取らない。

さらに、ひろく歴史学界における経済史すなわち経済領域の歴史に対する関心が出現したのは、しばらく遡って二〇世紀初頭、とりわけ一九一〇年代のことである。そして、このタイミングが、第二次世界大戦後しばらくの時期に至るまでの日本の経済史学のありかたをおおきく規定した。

日本は、開国から明治維新を経て、産業革命のすみやかな実現によって欧米諸国にキャッチアップするべく、国家主導型の産業振興政策を推進した。この政策は、国内外の摩擦をともないながらも、日清・日露の二大戦争ののち、一九一〇年代にほぼ目的を達する。すなわち、生産技術の遅れを解消し、繊維工業を中心としつつも、一定規模の重化学工業をともない、安定した貨幣制度（金本位制度）にもとづく経済構造を実現したのである。

この一九一〇年代は、偶然にも、ロシア革命や大正デモクラシーなどの影響のもと、社会主義諸思想とりわけマルクス主義が日本に輸入されはじめる時期でもあった。そして、マルクス主義思想の一環をなすマルクス派経済学が提示する「下部構造が上部構造を規定する」あるいは「経済システムは段階的に発展する」といった所説は、歴史の解読格子として利用しやすいものだったこともあり、またたく間に歴史学界に受容され、広まった。かくして、歴史学の対象の中心は経済史となり、また経済史はマルクス派経済学を理論的ツールとして援用しながら分析されることになった。

その際、経済史学の最大の問題関心は、産業革命の発祥の地からとおく離れたアジアの島国で実現された経済成長の成果として、それもきわめて短期間のうちに登場した経済システムが、いかなる特質をもつか、という点に置かれた。これは、比較史的なアプローチをもちいて接近しなければ解明できない課題である。そして、マルクス派経済学が提示する発展段階論を受容したことを背景として、この国際比較という観点は「モデルたる欧米諸国とりわけイギリスと比して、日本は遅れているか否か」という問題設定に読替えられ、経済史学は、日本と欧米諸国の諸「懸隔」の歴史的な変化を辿ることを主要な課題として進められることになった。

第二次世界大戦の敗戦は、この問題設定と課題がさらにひろくふかく定着して経済史学界の共通言語の体をなすという事態をもたらすとともに、経済史に対する関心の高まりをひきおこした。日本の敗戦の原因は、日本社会とりわけその根底をなすと考えられた経済構造が歪んだものだったことに求められ、この歪みは、経済システムの発展の遅れに由来すると考えられたからである。そこから、日本の経済成長の遅れの原因はなんだったか、日本経済を欧米諸国モデルに近づけるべく矯正するにはどうすればよいか、といった問題関心のもと、日本や外国に関する経済史研究が進展した。その際、研究対象の中心が、日本と、そして倣うべきモデルたる欧米諸国とりわけ英米仏に置かれたことは、いうまでもないだろう。

経済史学の状況が変化しはじめるのは、ようやく一九六〇年代のことだった。一九六〇年代といえば、高度経済成長の成果がだれの目にも明らかになり、もはや日本は欧米諸国に遅れているとはいえなくなった時期である。かくなる経済の実態の変化が、経済学界におけるマルクス派経済学の衰退や、欧米諸国における経済史学の新しい動向の出現とも呼応するなかで、経済史学は問題設定や研究課題の次元から革新されなければならないという声が学界内外からあがるようになった。ここから、研究対象の中心を移動させたり、海外の動向とりわけ新古典派経済学を理論的ツールとする合衆国の新経済史学を輸入したりすることによって事態に対応しようとする動きが生じた。

また、高度経済成長をけん引したのは基本的に企業であることから、企業や経営者を研究対象とする経営史学に対する関心が高まった。一九六四年には経営史学会が設立され、国内外の企業をはじめとする生産アクターの経営行動の研究を促進した。こうして日本でも制度化が始まる経営史学の主要な理論的ツールは、いうまでなく、マルクス派経済学ではなかった。

さらに、公立文書館制度が外国に比べて弱体である(ため、日本経済史研究者は、まず村々をかけめぐり、旧家を訪問して史料の在処を探索することから始めなければならない)といわれている日本においても各種史料の発見・収集・整理・公開が進み、また資料リサーチや留学のために外国に滞在することが容易になったことを背景として、経済史研究の実証水準は格段に向上することになった。

こう書くと、良いことだらけという気もしてくるが、理論的ツールの多様化は「研究者間の共通言語の消滅」を意味し、史料アクセス可能性の向上は「クソ実証主義の氾濫」につながるから、ともに「個々の研究のタコツボ化」をもたらす危険がある。実際、この時期以降「研究のタコツボ化」を嘆く声は、実証水準の高度化は科学性の向上を意味するから「それでいいのだ」という反論とともに、日本の経済史学界の「お約束」化した感がある。

経済史学の現在

それでは、二一世紀初頭という今日、経済史学界はどんな状況にあるのか。

経済史学は、日本も含めて、つねに新しいアプローチや方法論や理論の胎動がみられる領域である。その一例として、前世紀末に登場し、世界各地で多くの経済史学者の関心をひいている新しいアプローチを挙げておこう。ミクロ経済学の領域では、ゲーム理論を基盤に据えることによって全面的な刷新を試みる動きがみられるが、この事態に対応し、ゲーム理論が提供する諸ツールを経済史学に応用することを試みる手法「比較歴史制度分析」である。

比較歴史制度分析のキーワードは、ぼくの勝手な見立てによれば、複数均衡、経路依存性、そして繰返しゲームの三つである。

そもそも、かつてミクロ経済学を統べていた（ワルラス以来の）一般均衡論は、市場は自由放任しておけば均衡に至ると主張し、市場メカニズムの重要性を説いたが、そこでいう「均衡」とは「パレート最適」を意味していた。すなわち「これ以上なにかを変えると、かならずアクターのだれかの利益が減ってしまう」状態である。全員一致を原則とするかぎり、状態を変えることは不可能であり、ここで、そしてここだけで、均衡が実現する。したがって、パレート最適は、基本的に一点で実現される。

パレート最適を均衡とみなすミクロ経済学は、じつは、ひとつの人間像に立脚していた。意思決定に際して、自分の利益の最大化だけを考え、他者の出かたなどそれ以外は考慮に入れない、という人間像である。

しかし、ぼくらは、本当に、自分の利益だけを考え、いわばわき目もふらずに意思決定をおこなっているのか。そうではなく、むしろ、たえず相手の出かたをうかがい、いろいろと駆引きをしながら最終的な決定を下す、というのが、現実に近いような気がするのだが、どうだろうか。

後者の意思決定のありかたを「戦略的意思決定」と呼ぶが、この戦略的意思決定を分析するツールとして二〇世紀半ばに彫琢されたのがゲーム理論である。ゲーム理論は、一九八〇年代に大々的にミクロ経済学に導入され、大略「たしかに売り買いするときは相手の出かたをみるよね」というリアリティに支えられつつ、経済学界の人口に膾炙してきた。

ゲーム理論においても、研究課題の中核は均衡の存否やありかたに置かれる。ただし、そこでいう「均衡」は「パレート最適」ではなく「ナッシュ均衡」と呼ばれるものである。これは「自分だけ変えると利益が減ってしまうので、アクターの誰一人みずからすすんで変えようとしない」状態を意味している。そして、重要なのは、ナッシュ均衡は複数ありうるということである。これが複数均衡であり、その事例としては「囚人のジレンマ」がある（この言葉には心当たりがある読者諸賢もいることだろう）。

均衡が複数ある場合、どれが実現されるかは、出発点と経路における偶然に左右される。出発点ではほんのちょっとした偶然によって選択がなされるが、経路を辿るうちに他の選択との違いが拡大される。これが経路依存性であり、よく出される例としてはキーボードのアルファベット配列がある。

そして、意思決定を繰返しているあいだに、結局は複数の均衡のうちのひとつに至り、そこで状態が固定化される。これが繰返しゲームである。

こうやってみると、一般均衡論は時間を要素として考慮に入れない静態的なものであり、史実を分析するに際しては利用しにくかったのに対して、ゲーム理論は歴史学と相性が良いことがわかる。さらにまた、マクロ集計量のみならず、個々のアクターの意思決定というミクロな現象を分析対象に含めることが、これによって可能になる。

ゲーム理論をもちいると「出発点からスタートし、偶然性にも影響されつつ、アクターの合理的な意思決定が繰返され、複数あるゴールのうちのひとつが必然的に選択される」という動態的なストーリーが描ける。この点に着目し、ゲーム理論を土台とした新しいミクロ経済学を経済史学に導入することによって成立したのが、比較歴史制度分析である。

比較歴史制度分析にもとづく経済史研究は、おもに合衆国と日本を中心として進められてきた。そのため、この領域における日本人経済史学者の貢献は大きなものがある。

もちろん、比較歴史制度分析が今日の経済史学のすべてであるというわけではない。それ以外にも、経済学・歴史学・経営学など隣接諸領域、人文社会科学の諸領域、さらには考古学や環境科学など学際的な諸学問領域からも、貪欲に成果を取入れようとしている。その意味で、経済史学は「生きている」のだ。

その先へ

「経済史学の現在」の「その先」といえば、それは「経済史学の未来」ということになる。経済史学に未来はあるのか。あるとすれば、それはどんなものか。未来学者でも予知者でもなく、まして過去を対象とする歴史学者のはしくれにすぎないぼくに、正解がわかるはずもないが、本書のまとめとして、個人的な見解を書きつけておきたい。

短期的にみると、事態は楽観できるとはいえない。とりあえず日本をみると、経済史学に対する関心は、とても高いとはいえない。経済史学の専門家の再生産を担うのは大学であるが、どうみても経済史学は縮小再生産プロセスに入っている。日本の大学では経済史学は経済学部で教えられているが、経済学部学生諸君の経済史学に対する関心は下がっているというのが個人的な感触だし、経済史学を担当する教員のポストは減少・削減の傾向にある。

さらにいえば、そもそも歴史学全体に対する関心そのものが低下しているのではなかろうか。技術革新とグローバル化が加速度的に進むなかで、ぼくらの関心は、過去よりも現在へ、現在よりも近未来へとむかいつつある。もっとも、遠い未来に対する関心も低下しているようにみえるので、これは要するに、ぼくらが近視眼化しつつあるということなのかもしれない。いずれにせよ、歴史を学ぶことの存在意義は、すくなくとも高度経済成長を遂げて衰退プロセスに入ったと思しき日本においては、軽視されつつある。いまさら過去に学ぶことなどないし、そんなヒマがあったら近未来の事態に対応する方策を考えるべきだ、ということなのだろう。

もっとも、もうちょっと長期的にみると、それほど悲観したものでもないという気もしてくるから、世の中とは不思議なものである。

書店のビジネス書コーナーや、ビジネス雑誌には、いまでも「家康に学ぶ経営の極意——泣かぬなら、泣くまで待とうホトトギス」とか「カリスマイノベーターとしての信長」とか「ハプスブルク家の事業拡張戦略」（は、さすがにないと思うが）とかいった類いの書籍や記事が、かなりの頻度でみられる。まるで、人間には、過去からヒントを得たいという本性が備わっているかのようだ。五〇〇年前の史実がホントに役に立つか否かという点については、ぼくも「?」だが、ここに、せまくは経済史学、ひろくは歴史学の研究成果に対する関心と期待をみてとることは、不可能ではあるまい。

こと経済史学についていえば、それが経済学と歴史学という二つの学問領域の下位領域にして共通集合をなしてきたという事態を反映して、他の学問領域とのつきあいかたについて真摯な考察をつみあげてきたという点は、今後、大きなアドバンテージとなる可能性がある。中長期的にみると、現在ある学問領域の境界はおおきく揺らぎ、かわってゆくだろうからだ。実際、すでに、情報学、認知科学、環境科学など、ちょっと前までは出現の予想さえできなかった学問領域が誕生し、拡大している。

同様のことは、いずれ経済史学の周辺でも生じることだろう。その際、それら領域とどうつきあえばよいかが、重要な問題となる。自己閉塞して、縮小する陣地を守るか。学際融合して、やがて消滅するか。上手に間合いをとり、協働関係を構築するか。

どの選択肢が正解かは、ケースバイケースであり、事前に決まっているわけでもないし、わかっているわけでもない。ということは、つまり、経験がものをいうはずだ。経験豊富な経済史学であれば、それなりの解答を見出せるにちがいない。

そんなわけで、最後に、期待も込めて、経済史学は「生きてゆくだろう」と予言しておきたい——が、はずれたら、申訳ない。

読書案内

大航海時代以降のヨーロッパ史に関する本書の認識については、とりあえず帆刈他［2017］を参照。また、この時代における「進歩」概念の重要性については、フランス語で恐縮だがRouvillois［2011］が適切な指摘と説明をおこなっている。

経済史学史については、まずは岡田［2014］所収の論文「現代経済史学の成立」（初出一九七二年）と速水他［1979］を参照。アナール学派第二世代については、牽引者であるブローデルの主著にして大著（ブローデル［2004］）など、かなりの業績が翻訳されている。ドイツ社会史学についても、主導者たるユルゲン・コッカやハンス・ウルリッヒ・ヴェーラーの業績のうち、いくつかが翻訳されて日本語で読める（コッカ［1994］、コッカ［2000］、ヴェーラー［1983］）。

日本の経済史学史については、とりあえず遠山［1968］と成瀬［1977］が必読。ともに第二次世界大戦後という限定された時期について、日本の歴史学の総体を論じたものだが、経済史学史についても適切な見取り図を提供してくれる。

ゲーム理論については、すぐれた入門書として、武藤［2001］を参照。ほかにも教科書は山ほど出ているので、関心をおもちのむきは検索されたい。ちなみにゲーム理論は一九四四年に刊行された一冊の本から始まり、同書は翻訳されていて日本語で読めるが、難しいので、あまりお勧めしない（ノイマン他［2014］）。なお、繰返しゲームについては、進化生物学の領域で応用が進んでいるが、進化生物学の「現代の古典」たるドーキンス［2006］は（牽強付会の感もするが）現代人なら必読。繰返しゲームにおける必勝法について論じたアクセルロッド［1998］も、一読の価値がある。

比較歴史制度分析については、入門書として中林他［2010］があるので、とりあえず、この辺から接近してみよう。

あとがき

本書は、ぼくの本務先である東北大学経済学部でおもに新入生むけに開講され、数年に一度担当している「経済史入門」の二〇一三年度講義のために作成した講義ノートをもとに、大幅な加筆修正を加えて出来上がった。

じつは、それ以前は、「経済史学」というよりは経済現象の歴史そのものである「経済史」に重きを置いた（伝統的な、といってもよい）講義をしていたのだが、この年、どういう風の吹きまわしか「マニュファクチュアとか、綿工業とかいわれても、新入生諸君は面喰うだけだろうし、つまらんに違いない」と思いたち、むしろ「経済史学とはなにか。なぜ学ぶのか。いかに研究するのか。経済学や歴史学との関係はいかなるものか」といったメタ次元の問題を中心とし、学部新入生レベルの経済理論との接合に気を配りながら、全面的に講義内容を変更したのだった。

その延長線上にある本書は、結果として「経済史入門」というよりは「経済学と歴史学の入門」とでもいうべきものになった感があるが、ぼくとしては「経済史入門」兼「経済学入門」

兼「歴史学入門」として読んでもらえれば、とてもうれしい。

もっとも、経済史学がカバーする対象の相当部分を、入門レベルとはいえ書下ろし単著で取扱うという企画の無謀さを反映して、いろいろなミスや誤った理解があるかもしれない――というよりも、きっと山ほどあるにちがいない。ミスや誤解を発見した際は、ぜひともご指摘・ご教示いただきたい（odanaka@econ.tohoku.ac.jp）。

ちょうどいまから三〇年前の一九八六年。ぼくは学部三年に進学し、廣田功先生のもとで西洋経済史を学ぶことになった。

中木康夫『フランス政治史』（全三巻、未來社、一九七五～七六年）から受けたインパクトのもと、フランス社会経済史を専攻していると自称しつつ一九世紀フランス農村部の民衆政治（popular politics）をしばらく研究したが、その後、いろいろと事情あって歴史理論・歴史学方法論・史学史・歴史教育論など歴史学の周辺を彷徨い、経済史学とは縁遠い日々が続いた。第二次世界大戦後フランス地方都市の都市計画・都市政策（フランス語で「ユルバニスム」）を研究することに落着き、わりと経済史学に近いところに戻ってきたと感じるようになったのは、ようやくここ数年のことである。

また、教育の面では、一九九四年に現勤務先に採用してもらった――のはよいのだが、担当は社会思想史、授業科目は学部が経済学史・大学院が社会思想史ということで、これまた経済史学とは縁遠い生活を続けてきた。そんななか、数年に一度、勤務先の新入生諸君を対象として「経済史入門」なる講義の担当が回ってくるのだが、そのときだけがホントの経済史とつきあう時間となった。

というわけで、本書を書きおえたいま、じつに三〇年来の宿題をようやくやっつけたような気がしている。

本文中でもくりかえし強調したが、経済史学は経済学と歴史学の交錯する地点に位置し、両者の下位領域にして共通集合である、という複雑な性格をもっている。そのため、メタ次元の諸問題を考えるには好都合だが、しかし、考えはじめると、それはそれでキリがなくなる、という特徴を有する。ぼくも、そういった理由から、知命の年を迎えるまで、経済史学の本を書くのは敬して遠ざけていたのだが、トシもトシだし、そろそろ自分の思うところを好き勝手に書きしるしてもよいだろうという気になった、という次第である。

ぼくの学生・院生時代に経済史学について教えてくださった、師匠・廣田先生はじめ、故・岡田与好先生、毛利健三先生、関口尚志先生、肥前栄一先生は、この宿題をどう読んでくださるだろうか——と、柄にもなく感傷にふけっていたら、なんと今年（二〇一六年）度から、勤務先の大学院で経済史を教えることになった。これもまた、なにかの縁《えにし》なのだろうか。

本書は、勁草書房から刊行される『ライブ』三部作（と、ぼくが勝手に命名した拙著群）の三冊目ということになる。一冊目となる『ライブ・経済学の歴史』（二〇〇三年）を出してから一四年、二冊目の『ライブ・合理的選択論』（二〇一〇年）を出してから七年を経て、ようやく三部作完結ということになる。長かった。

それでも無事に実現したのは、最初に声をかけていただいた徳田慎一郎さん（元・勁草書房）と、二冊目の売れ行きが「ウーム」だったにもかかわらず、本人においてすら忘却の淵に沈んでいた企画をひろいあげ、実現にこぎつけてくださった鈴木クニエさん（勁草書房）という二人の編集者のおかげである。お二人に、心から謝意を表したい。でも、また「ウーム」だったら、すみません。

最後に、私事になるが、とっくに高校生になったというのに、いまだに父親のつまらんオヤジギャグに（さすがに迷惑そうな顔をしつつ）つきあってくれている娘・美有をはじめ、布団にもぐるかオフィスで仕事するか出張に出るかしかない日常生活をサポートしてくれる家族・親族にも、サンクス。

それでは、また仕事に戻ることにしようか。

二〇一六年秋　杜の都にて

小田中　直樹

索　引

あ行

か行

さ行

た行

な行

は行

ま行

や行

ら行

わ行

文献リスト

石井寛治［1991］『日本経済史』（東京大学出版会）
石坂昭雄他［1985］『新版西洋経済史』（有斐閣・有斐閣双書）
稲本洋之助他［1979］『所有権思想の歴史』（有斐閣・有斐閣新書）
岩田規久男他［2006］『ゼミナール経済政策入門』（日本経済新聞社）
宇沢弘文［2015］『ヴェブレン』（岩波書店・岩波人文書セレクション）
梅津順一［1989］『近代経済人の宗教的根源』（みすず書房）
絵所秀紀［1997］『開発の政治経済学』（日本評論社）
大塚久雄［1981］『近代欧州経済史序説』（岩波書店、初版 1944）
大塚久雄［2000］『共同体の基礎理論』（岩波書店・岩波現代文庫、初版 1955）
岡崎哲二［1993］『日本の工業化と鉄鋼産業』（東京大学出版会）
岡崎哲二［2016］『コア・テキスト経済史　増補版』（新世社）
岡田与好［2014］『競争と結合』（蒼天社出版）
岡本隆司編［2013］『中国経済史』（名古屋大学出版会）
奥西孝至他［2010］『西洋経済史』（有斐閣・有斐閣アルマ）
小田中直樹［2003］『ライブ・経済学の歴史』（勁草書房）
戒能通厚［1980］『イギリス土地所有権法研究』（岩波書店）
勝川俊雄［2012］『漁業という日本の問題』（NTT 出版）
金井雄一他［2010］『世界経済の歴史』（名古屋大学出版会）
岸本美緒他編［2004］『比較史のアジア』（東京大学出版会）
黒崎卓他［2003］『開発経済学』（日本評論社）
小島寛之［2006］『エコロジストのための経済学』（東洋経済新報社）
小谷汪之［1982］『共同体と近代』（青木書店）
末廣昭［2000］『キャッチアップ型工業化論』（名古屋大学出版会）
鈴木秀夫［2000］『気候変化と人間』（大明堂）
武隈慎一［2016］『新版ミクロ経済学』（新世社）
渓内謙［1995］『現代史を学ぶ』（岩波書店・岩波新書）
遅塚忠躬［2010］『史学概論』（東京大学出版会）
恒木健太郎［2013］『「思想」としての大塚史学』（新泉社）
遠山茂樹［1968］『戦後の歴史学と歴史意識』（岩波書店）
長岡新吉他［1992］『世界経済史入門』（ミネルヴァ書房）
中西聡他［2013］『日本経済の歴史』（名古屋大学出版会）

中野敏男［2001］『大塚久雄と丸山真男』（青土社）
中林昌幸他［2010］『比較制度分析・入門』（有斐閣）
中村達也他［2001］『経済学の歴史』（有斐閣・有斐閣アルマ）
二宮宏之［1995］『全体を見る眼と歴史家たち』（平凡社・平凡社ライブラリー、初版 1986）
成瀬治［1977］『世界史の意識と理論』（岩波書店）
野家啓一［2016］『歴史を哲学する』（岩波書店・岩波現代文庫）
長谷川貴彦［2012］『産業革命』（山川出版社・世界史リブレット）
長谷川貴彦［2016］『現代歴史学の展望』（岩波書店）
馬場哲他［2001］『西洋経済史学』（東京大学出版会）
速水融［2013］『近世日本の経済社会』（麗沢大学出版会）
速水融他［1979］『西洋経済史学の発達』（講座西洋経済史・第 5 巻、同文舘出版）
速水融他［1988］『経済社会の成立』（日本経済史・第 1 巻、岩波書店）
原俊彦［2000］『狩猟採集から農耕社会へ』（勉誠出版）
原洋之介［1999］『エリア・エコノミックス』（NTT 出版）
原田純孝［1980］『近代土地賃貸借法の研究』（東京大学出版会）
廣田功他［2012］『エレメンタル欧米経済史』（晃洋書房）
帆刈浩之他［2017］『世界史』（山川出版社）
松井彰彦他［2000］『ミクロ経済学』（日本評論社）
峯陽一［1999］『現代アフリカと開発経済学』（日本評論社）
三輪良一［2012］『概説日本経済史・近現代』（東京大学出版会）
武藤滋［2001］『ゲーム理論入門』（日本経済新聞社・日経文庫）
藪下史郎［2002］『非対称情報の経済学』（光文社・光文社新書）
吉岡昭彦［1967］『イギリス地主制の研究』（未來社）

アクセルロッド（Axelrod, R.）［1998］『つきあい方の科学』（松田裕之訳、ミネルヴァ書房、原著 1984）
イリイチ（Illich, I.）［2006］『シャドウ・ワーク』（玉野井芳郎他訳、岩波書店・岩波現代文庫、原著 1981）
ヴィンデルバント（Windelband, W.）［1929］『自然と歴史科学・他』（篠田英雄訳、岩波書店・岩波文庫、原著 1884）
ヴェーバー（Weber, Max）［1989］『プロテスタンティズムの倫理と資本主義の精神』（大塚久雄訳、岩波書店・岩波文庫、原著 1905/1920）
ヴェブレン（Veblen, Th.）［2015］『有閑階級の理論』（高哲男訳、講談社・講談社学術文庫、原著 1899）
ヴェーラー（Wehler, H.-U.）［1983］『ドイツ帝国』（肥前栄一他訳、未來社、原

著 1973）
カー（Carr, E.）［1962］『歴史とは何か』（清水幾太郎訳、岩波書店・岩波新書、原著 1961）
ガーシェンクロン（Gerschenkron, A.）［2016］『経済後進性の史的展望』（清水美智子訳、日本経済評論社、原著 1952）
ギアーツ（Geertz, C.）［2001］『インボリューション』（池本幸生訳、NTT 出版、原著 1963）
グライフ（Greif, A.）［2009］『比較歴史制度分析』（岡崎哲二他監訳、原著 2006）
クルーグマン他（Krugman, P., et als.）［2007］『ミクロ経済学』（大山道弘他訳、東洋経済新報社、原著 2006）
コッカ（Kocka, J.）［1994］『歴史と啓蒙』（肥前栄一他訳、未來社、原著 1989）
コッカ（Kocka, J.）［2000］『社会史とは何か』（仲内英三他訳、日本経済評論社、原著 1977）
ジェヴォンズ（Jevons, S.）［1981］『経済学の理論』（小泉信三他訳、日本経済評論社、原著 1871）
スコット（Scott, J.）［1999］『モーラル・エコノミー』（高橋彰訳、勁草書房、原著 1976）
スミス（Smith, A.）［1969］『諸国民の富』（上下巻、大内兵衛他訳、岩波書店、原著 1776）
セン（Sen, A.）［2000］『貧困と飢饉』（黒崎卓他訳、岩波書店、原著 1982）
ソロー（Solow, R.）［2000］『成長理論・増補版』（福岡正夫訳 , 岩波書店、原著 2000）
ダイヤモンド（Diamond, J.）［2000］『銃・病原菌・鉄』（上下巻、倉骨彰訳、草思社、原著 1997）
チャンドラー（Chandler, A.）［1979］『経営者の時代』（上下巻、鳥羽欽一郎他訳、東洋経済新報社、原著 1977）
テスタール（Testart, A.）［1995］『新不平等起源論』（山内昶訳、法政大学出版局、原著 1982）
ドーキンス（Dawkins, R.）［2006］『利己的な遺伝子』（日高敏隆他訳、紀伊國屋書店、原著 1976）
ノイマン他（Neumann, J. et als.）［2014］『ゲームの理論と経済行動』（武藤滋訳、勁草書房、原著 1944）
ノース（North, D.）［2013］『経済史の構造と変化』（大野一訳、日経 BP 社、原著 1981）
ノース他（North, D., et als.）［2014］『西欧世界の勃興』（速水融他訳、原著 1973）
ヒックス（Hicks, J.-R.）［1995］『経済史の理論』（新保博他訳、講談社・講談社

学術文庫、原著 1969)
ブローデル（Braudel, F.）［2004］『地中海』（全 5 巻、浜名優美訳、藤原書店、原著 1949）
ペーボ（Paabo, S.）［2015］『ネアンデルタール人は私たちと交配した』（野中香方子訳、文芸春秋、原著 2014）
ポランニー（Polanyi, K.）［2005］『人間の経済』（上下巻、玉野井芳郎他訳、岩波書店、原著 1977）
マクニール（McNeil, W.）［2008］『世界史』（上下巻、増田義郎他訳、中央公論新社・中公文庫、原著 1967）
マルクス（Marx, K.）［1963］『資本主義的生産に先行する諸形態』（手島正毅訳、大月書店・国民文庫、原著 1857-8 執筆）
マルサス（Malthus, R.）［2011］『人口論』（斉藤悦則訳、光文社・光文社古典新訳文庫、原著 1798）
マンデヴィル（Mandeville, B.）［1985］『蜂の寓話』（泉谷浩訳、法政大学出版局、原著 1714）
ミズン（Mithen, S.）［2015］『氷河期以後』（上下巻、久保儀明訳、青土社、原著 2003）
メンガー（Menger, C.）［2004］『経済学の方法』（福井孝治他訳、日本経済評論社、原著 1883）
モリス（Morris, I.）［2014］『人類 5 万年』（上下巻、北川知子訳、筑摩書房、原著 2010）
ランケ（Ranke, L. v.）［1948］『ローマ的・ゲルマン的諸民族史』（山中謙二訳、千代田書房、原著 1824）
リグリィ（Wrigley, E.）［1991］『エネルギーと産業革命』（近藤正臣訳、同文舘出版、原著 1988）
リスト（List, F.）［1970］『経済学の国民的大系』（小林昇訳、岩波書店、原著 1844）
ロビンズ（Robbins, L.）［1957］『経済学の本質と意義』（中山伊知郎監訳、東洋経済新報社、原著 1932）

Hardin, G. ［1968］ “The Tragedy of the Commons” (*Science* 3859)
Lewis, W. A. ［1954］ “Economic Development with Unlimited Supplies of Labor” (*The Manchester School* 22-2)
Popkin, S. ［1979］ *The Rational Peasant* (Berkeley: University of California Press)
Rouvillois, F. ［2011］ *L’invention du progrès* (Paris: CNRS Editions)

Thompson, E. [1971] "The Moral Economy of the English Crowd in the Eighteenth Century" (*Past and Present* 50-1)

著者略歴

1963年生まれ．1991年東京大学大学院経済学研究科博士課程単位取得退学．現在，東北大学大学院経済学研究科教授，博士（経済学，東京大学）．『フランス近代社会　1814～1852――秩序と統治』（木鐸社，1995年），『歴史学のアポリア――ヨーロッパ近代社会史再読』（山川出版社，2002年），『ライブ・経済学の歴史』（勁草書房，2003年），『ライブ・合理的選択論』（勁草書房，2010年），『19世紀フランス社会政治史』（山川出版社，2013年）ほか．

ライブ・経済史入門　経済学と歴史学を架橋する

2017年３月20日　第１版第１刷発行

著　者　小《お》田《だ》中《なか》直《なお》樹《き》

発行者　井　村　寿　人

発行所　株式会社　勁《けい》　草《そう》　書　房

112-0005 東京都文京区水道2-1-1　振替 00150-2-175253

（編集）電話 03-3815-5277／FAX 03-3814-6968

（営業）電話 03-3814-6861／FAX 03-3814-6854

平文社・松岳社

ISBN978-4-326-55078-4　　Printed in Japan